W0095909

MADDIN SCHNEIDER

VOM wörscht KÄS zum BEST KÄS

DAS MADDIN-PRINZIP

WILHELM HEYNE VERLAG
MÜNCHEN

Sollte diese Publikation Links auf Webseiten Dritter enthalten,
so übernehmen wir für deren Inhalte keine Haftung,
da wir uns diese nicht zu eigen machen, sondern lediglich
auf deren Stand zum Zeitpunkt der Erstveröffentlichung verweisen.

Penguin Random House Verlagsgruppe FSC® N001967

Originalausgabe 11/2021

Copyright © 2021 Martin Schneider und Kai Schmid
Copyright © 2021 by Wilhelm Heyne Verlag, München,
in der Penguin Random House Verlagsgruppe GmbH,
Neumarkter Straße 28, 81673 München
Projektvermittlung: Isabella Kortz, Pageturner Production GmbH – Bad
Aibling, in Kooperation mit Tina van den Berg,
Artist and Friend – Lohmar.
Redaktion: Isabella Kortz
Umschlaggestaltung: Hauptmann & Kompanie Werbeagentur, Zürich,
nach einer Idee von Sania Haschemi, Pageturner Production GmbH und
unter Verwendung eines Fotos von © Ralph Larmann
Satz: Satzwerk Huber, Germering
Druck: GGP Media GmbH, Pößneck
Printed in Germany
ISBN: 978-3-453-60593-0

www.heyne.de

INHALT

Kapitel 3:
Wenn's am schlimmsten ist, hört's noch lange nicht auf!

Kapitel 4:
Die Klo-Challenge – oder: Wer prüft mich da? 117

Kapitel 5:
Was hab ich nur für'n Karma? 149

Kapitel 6:
Wie Phoenix aus der Kacke – Befreiung und

VORWORT – ODER: HALLÖSCHE!

Schön, dass ihr mein Buch lest! Ich selbst kann es noch gar nicht glauben, dass ich das hingekriegt habe. Wenn das meine Oma noch erlebt hätte! Die wäre ganz schön stolz. Mit diesem Buch muss ich mich jetzt auch nicht mehr hinter meinen ganzen Ahnen verstecken, von denen viele etwas Außergewöhnliches in ihrem Leben vollbracht haben. Denn trotz meiner angeborenen, über viele Generationen weitervererbten Intelligenz, war bei mir lange Zeit überhaupt nicht damit zu rechnen, dass ich etwas Besonderes auf die Beine stelle.

Vielleicht erkennt ihr euch in diesem Buch sogar an manchen Stellen selbst wieder? Und denkt: Hey, ich bin ja gar nicht allein, der Maddin is' genauso bekloppt wie ich! Jedenfalls wünsche ich euch das. Also, ich wünsche euch, dass ihr ganz oft praktisch über euch selbst lachen müsst. Das ist nämlich der beste Weg, über die eigenen Schwächen mit einem Augenzwinkern hinwegzusehen.

Mir geht's übrigens gerade saumäßig gut – einfach subbär!

Oder, wie meine Oma immer sagte:

»Mir scheint die Sonn aus'm Arsch!«

Und das, obwohl ich erst im letzten Sommer den

schlimmsten Schicksalsschlag meines Lebens hatte. Inklusive schwerer Midlife-Crisis und Liebeskummer-Burnout-Syndrom. Aber wisst ihr, was mein Leben dann komplett verändert hat?

Ein Dixi-Klo!
Obwohl ich darin fast gestorben wäre ...

Die Geschichte mit dem Klohäuschen war nur der Höhepunkt einer ganzen Kette von Schicksalsschlägen, die mich nacheinander aus der Bahn geworfen haben. Die wichtigste Lektion für mich aus all dem Ganzen ist die Erkenntnis, dass aus dem Allerschlimmsten das Allerbeste entstehen kann. Mit anderen Worten:

Der Mist, den man erlebt, kann der optimale Dünger sein für das Glück danach!

Nun erfreut euch an meinen spektakulären Alltagserlebnissen, den kleinen Katastrophen und Missgeschicken, aus denen meine Ahnen und ich immer wieder gestärkt und beflügelt hervorgekommen sind!

Euer

KAPITEL I:
SCHICKSALSSCHLÄGE – NICHTS FÜR GEWOHNHEITSMENSCHEN!

Lieber Martin,

als ich dich das erste Mal sah, dachte ich, das gibt es doch nicht. Es gibt Menschen, die füreinander geschaffen sind. Menschen, die man sieht und weiß, mit dieser Person möchte man sein Leben verbringen. Für immer füreinander da sein, gemeinsam lachen und weinen, zusammen im Aufzug (oder meinetwegen sogar im Dixi-Klo eingesperrt sein), weil es zu zweit nicht schlimm ist, sondern einfach immer nur schön. Zwei, die zusammen Paleo-Diät machen, Auralesen und Lachyoga, die Dinkelvollkorn-Apfelkuchen mit Bio-Rohrohrzucker backen, mit Äpfeln aus dem gemeinsamen Garten hinterm gemeinsamen Haus, hach, Martin, solche Menschen – sind wir nicht.

Wegen dir.

Natürlich vermisse ich nach all der Zeit doch etwas.

Den Butterstreusel und den Kater.

Ja, ich vermisse auch dich. Aber ich kann jetzt Weißmehl-Raffinade-Zucker-Industriekuchen im Bett essen und dabei rauchen. Ich kann endlich mal eine andere Serie gucken als »Dick und Doof« oder »Pippi Langstrumpf«. Und erfriere nachts nicht bei Minusgraden und offenem Fenster.

Ja, ich vermisse dich auch nachts an meiner Seite, aber ich habe endlich einen neuen Pyjama gekauft – nicht bei Grüner Erde, sondern bei H&M in goldenem Glanzsatin, worin ich mir dich 15 Jahre lang vorgestellt habe und wo du nie im Leben hineingeschlüpft wärst, nicht einmal für mich, nicht einmal für die erotischsten Stunden, Martin! Jetzt liegt ER neben mir auf der unbezogenen Bettseite, glänzend, golden und ich sage jede Nacht zu ihm: »Das hast du nun davon!«, bevor ich mir noch ein Toffifee in den Mund schiebe und einschlafe. Wenn ich dann nachts rübertaste, seufze ich glücklich: »Der Frottee ist weg!«

Martin. Nichts, von dem, was du sagtest, stimmte. Als du zu mir sagtest, du hast mir grad noch gefehlt, hat es gar nicht gestimmt. Ich fehlte dir überhaupt nicht. Als ich weg war, hast du sofort den Burgholzhäuser Dorfkern mit allen Menschen aus Kastanien und Streichhölzern nachgebaut und stolz auf Facebook und Instagram gepostet, mit dem Kommentar: »Endlich mal allein daheim!«

Boah, war ich sauer!!!

. . .

Wisst ihr, was das Schlimme ist an so einem Schicksalsschlag?

Man kann sich so schlecht darauf vorbereiten!

Die stehen nämlich meistens nicht im Kalender. Wenn ich jetzt beispielsweise wüsste: Am Montagvormittag um 10:45 Uhr werde ich von einem Tanklastzug überfahren, hätte ich die Möglichkeit, an dem besagten Montag einfach nicht vor die Türe zu gehen! Durch mein Wohnzimmer fahren nun mal gewöhnlich keine Tanklastzüge.

Schicksalsschläge ereignen sich aber meistens sehr spontan, weshalb sie gerade für Gewohnheitsmenschen wie mich immer etwas ungelegen kommen. Angenommen, ich würde jeden Vormittag um 10:45 Uhr von einem Tanklaster überfahren, könnte ich viel besser damit leben ...

Übrigens fahre ich selbst sehr ungern und eigentlich so gut wie nie mit einem Auto, zumindest nicht als Selbstfahrer. Der Grund dafür ist ganz einfach, dass sich die Verkehrslage ständig ändert, quasi von Sekunde zu Sekunde. Wie kann ich entspannt eine bestimmte Strecke mit dem Auto fahren, ohne vorher genau zu wissen, wie viele andere Fahrzeuge mir wo und wann begegnen werden? Oder wie viele Fußgänger an welchem Zebrastreifen über die Straße laufen? Oder wo eine Katze auftaucht oder eine Wespe durch das Fenster in den Wagen fliegt? Oder wo plötzlich Glatteis auftritt oder es wie aus Eimern schüttet?

Wirklich, ich bewundere all die Autofahrer, die sich jeden Tag todesmutig in den Verkehr stürzen, obwohl sie überhaupt nicht wissen, welche Gefahren da draußen auf sie lauern. Damit möchte ich jetzt nicht sagen, dass ich besonders ängstlich bin. Obwohl Jeannette mir das oft unterstellt hat. Aber ich wollte halt nur ganz einfach immer die Risiken im Leben einigermaßen abschätzen können. Wenn man schon mal täglich seine Überlebenschancen ein bissje vergrößern kann, warum soll man es dann nicht tun?

Ich war immer schon der Meinung, ein geregeltes Leben und ein strukturierter Tagesablauf geben mir eine gewisse Sicherheit. Bestimmte Dinge im Leben sollten sich einfach nicht großartig ändern, finde ich. Zu Jeannette sagte ich einmal: »Ich brauche einfach dieses Gefühl von Kontinenz. Was ich hasse, ist Inkontinenz!« Als studierte Germanistin korrigierte sie mich, beziehungsweise vielmehr meinen Wortgebrauch bei solchen Diskussionen meistens erst einmal:

»Du meinst Kontinuität!«

»Stimmt, die brauche ich auch!«

Im Laufe der Jahre bildeten sich bei mir eine Reihe kleiner Rituale und liebgewonnener Gewohnheiten heraus. So trinke ich jeden Morgen nach dem Aufstehen einen halben Eimer voll warmes Wasser, in dem ich eine Messerspitze Salz aufgelöst habe. Das nächste Ritual, das ich morgens noch vor Sonnenaufgang praktiziere, stieß bei Jeannette jedes Mal auf großes Unverständnis und harte Kritik, wenn sie bei mir die Nacht verbringen durfte. Ich stelle mich unter die Dusche, drehe das Wasser so kalt wie möglich auf und rufe dann mit lauten, kehligen Tönen die Geister meiner Ahnen. Sie meinte dann immer, ich wäre nicht ganz dicht, um diese Uhrzeit so herumzubrüllen. Glaubte sie denn, ich könnte die Ahnen mit Flüstertönen herbeilocken? Wer sich mit schamanischen Praktiken nicht auskennt, sollte besser einfach mal den Mund halten. Das habe ich auch zu meinem Vermieter gesagt, der sich einmal an einem Sonntagmorgen bei mir über »das Herumgeschreie« beschwert hatte. Diese uralten Techniken haben sich seit Jahrtausenden bewährt, warum soll man sie dann ohne wichtigen Grund abschaffen?

Ich will es ja auch nicht übertreiben, aber ein paar Traditionen und Gepflogenheiten sollte man schon beibehalten.

Um 11:00 Uhr lege ich dann täglich eine Frischobst-Pause ein, in der ich einen ungespritzten Apfel der Sorte *Roter Boskoop* esse. Hier bin ich sogar sehr flexibel, es kann auch mal ein *Gelber Boskoop* sein oder die *Gelbe Goldparmäne*, also von wegen stur und verbohrt!

Als Gewohnheitsmensch bin ich zum Beispiel auch von Anfang an ganz entschieden gegen den Klimawandel! Weil ich mich so sehr an das alte Klima gewöhnt habe. In bin ja in dem alten groß geworden! Wenn unbedingt ein Klimawandel stattfinden soll, dann bitteschön hübsch langsam. Innerhalb von 10.000 Jahren würde ich mir das gefallen lassen. Aber doch nicht in diesem wahnsinnigen Tempo!

Das mit dem Klima war übrigens auch immer so ein Thema zwischen mir und meiner Freundin Jeannette. Sie fand den Klimawandel eigentlich richtig toll. Jedes Jahr im Frühling wurde sie total hibbelisch. Dann hat sie sich tonnenweise neue Klamotten gekauft, getreu ihrem Lieblingsspruch: Alles neu macht der Mai!

Wenn sie stunden- und tagelang auf der Jagd nach neuen Kleidern durch Geschäfte und Einkaufszentren lief, nannte ich das einmal einen *Amokkauf*. Dieses Wort hat sie mir danach streng verboten, ich sollte es nie wieder benutzen.

Ihre Lust an neuen Dingen war so groß, dass sie nicht nur ihre alten Kleider wegwarf, sondern sich auch von alten Möbeln trennte. Kein Wunder also, dass sie sich im Mai auch von mir trennte. Ja, wirklich – jedes Jahr! Immer im Mai. Plötzlich hatte sie ganz viele Hummeln im Hintern. Und diese Arschhummeln trieben sie dazu an, alles Mögliche wegzuschmeißen. Sogar Sachen von mir, in meiner Wohnung! Das ging einmal so weit, dass sie schließlich – jetzt festhalten! – meinen Adventskranz wegschmeißen wollte!! Obwohl sie noch kurze Zeit vorher – im Dezember – gesagt hatte, wie schön der doch sei! Solch ein plötzlicher Meinungswandel ist für einen Mann freilich schwer nachvollziehbar. Es kostet schließlich harte Jahre des Denkens und der geistigen Auseinandersetzung mit sich selbst und dem Leben, um sich seine Prinzipien zurechtzulegen. Und dann wird alles, was Mann sich über die Jahre hinweg zusammengezimmert hat, innerhalb von Sekunden über Bord geworfen – nur wegen einer einzigen Frühlingsarschhummel!

Wenn ich dann gesagt habe: »Nein, der Adventskranz wird nicht weggeschmissen, der nadelt ja noch nicht einmal!« (Weil er natürlich keine Nadeln mehr hatte ...) – war das für sie der Auslöser, sich von mir zu trennen. Die Trennung war also praktisch Teil ihres Frühjahrsputzes.

Ende Juni sind wir dann immer wieder zusammengekommen. Und in zehn Jahren feiern wir was? Ihr werdet es bestimmt schon erraten haben – genau:

Unsere Silbertrennung!

Wenn alles so gut weiterläuft wie bisher ...

Die Arschhummel – Brombus Anus

Die Arschhummel (Brombus Anus) ist eine in Mitteleuropa verbreitete Untergattung der gemeinen Brombus. Sie gehört zur Gattung der Hauptflügler (Hymenoptera), die der Überfamilie Apoidea (Biene) zuzuordnen ist. In der Familie Echte Bienen (Apidae) entstammt sie einer weiteren Unterfamilie (Apinae), der Gattung Hummeln. Ihren Namen verdankt sie ihrer spezifischen Fähigkeit zum Überleben in einer feuchtdunklen Kultur, deren olfaktorische Spezifikation zum Himmel stinkt.

Ursprung und erste Erwähnung

Wann diese Untergattung des ansonsten possierlichen Flügelwesens der Hummel entstanden ist, entzieht sich dem heutigen Wissensstand. Eine ihrer ersten Erwähnungen findet sich bei dem großen Gelehrten Martin Luther, der feststellte: »Er hat humel ym arse.«

Aussehen und Körperbau

Die Brombus Anus ist nur im Detail von der gemeinen Brombus zu unterscheiden. Zum einen zeichnet sie sich durch einen stromförmigeren Körper aus, der das Eindringen in den Anus erleichtert, zum anderen ist ihr Pelz mit einem flüssigkeitsabweisenden Film überzogen, der auch Feststoffe an einer Bindung hindert.

Verhalten in freier Natur

Die Brombus Anus ist eine typische Vertreterin der Bestäubungsinsekten. Durch ihre promiskuitive Veranlagung fliegt sie von Blümchen zu Blümchen und sorgt so für reichlich Nachwuchs. Die Drohnen unter den Brombus Anus haben nicht so viel Glück, sie haben nur einen Zweck, nämlich die Jungkönigin zu begatten. Dazu bleiben ihnen nur wenig Monate in ihrem Leben, während die fleißigen Arbeiter und Arbeiterinnen ihres Volkes sich draußen vergnügen dürfen. Gelegentlich findet man noch die sehr spezielle Klasse »Brauner Bomber«, wie sie im Volksmund genannt werden, die für den Nestbau gewisse Feststoffe beziehungsweise Klebematerialien sammeln.

Natürliche Feinde und das Zusammenleben mit dem Menschen

Neben den schmarotzenden Kuckuckshummeln und der Großen Wollbiene ist der Mensch einer der natürlichen Feinde der Brombus Anus. Durch Fallwinde und Flüssigkeitslawinen sowie Geröllabgänge sind besonders die »Braunen Bomber« gefährdet. Jährlich sterben mehrere hunderttausende Tiere an den Auswirkungen ihrer Arbeit mit und an dem Menschen. Versuche, die reflexartigen Zuckungen der heimgesuchten Menschen zum Beispiel durch Medikamente wie Ritalin zu unterbinden, sind bisher erfolglos gewesen.

DIE UNGEWÖHNLICHE MAI-TRENNUNG UND ANDERE KATASTROPHEN

Der letzte Mai war besonders schlimm für mich. Okay, Jeannette hatte sich wieder von mir getrennt; kein Problem – damit kann ich mittlerweile ja gut leben, denn daran bin ich gewöhnt. Aber dieses Mal, das muss man sich mal vorstellen, dieses Mal hat sie sich aus einem *vollkommen anderen Grund* von mir getrennt als sonst!

Macht man so etwas?!? Nach so vielen Jahren aus ein- und demselben Grund?!

Frauen nennen das spontan und impulsiv. Für mich als Mann war das ein geistiger Amoklauf! Wobei ich meine Haltung dazu mittlerweile geändert habe, aber dazu kommen wir später ...

Wie gesagt, ich war Anfang Mai schon darauf eingestellt, dass alles wieder so ablaufen würde wie gewohnt. Ich hatte sogar dieses Mal extra schon den Adventskranz mit einer Klebepistole am Esstisch festgepappt! Aber das interessierte sie alles nicht die Bohne. Dieses Mal wollte sie etwas ganz anderes, etwas vollkommen Neues, womit ich nie und nimmer gerechnet hatte!

Es war so sehr jenseits von allem, was man sich bei gesundem Menschenverstand hätte vorstellen können ... Sie wollte – bitte jetzt festhalten – sie wollte heiraten! H E I R A T E N!!!

Ihr könnt euch sicherlich vorstellen, wie entsetzt ich war. Meine ganze Lebensplanung war ja damit zerstört.

Das mit dem Heiraten war auch in finanzieller Hinsicht nicht durchdacht von ihr. Denn für die Zukunft hätte das ja wohl bedeutet: Jedes Jahr Anfang Mai Scheidung und Ende Juni dann wieder Heiraten! Wer soll das bitte bezahlen?!

Klar hab ich also erst mal kategorisch abgelehnt: »Das können wir uns nicht leisten!«

Und das war dann schließlich dieses Mal der Grund für sie, sich von mir zu trennen.

Kein Wort zum Thema Adventskranz!! Frauen sind tatsächlich manchmal unberechenbar. Das wusste schon meine Oma, die sagte immer:

**»Die Seele einer Frau und das Innere
der Leberworscht bleibe ewig unerforscht!«**

Aus lauter Protest hab ich dann aber schließlich selbst den Adventskranz weggeschmissen – mitsamt dem Esstisch!

Der zweite Schicksalsschlag hing mit meiner Wohnung zusammen. Und er war deshalb so schmerzhaft, weil ich meine Wohnung über alles liebte. Sie hatte einen ganz eigenen Charme, der durch die Kleinheit ihrer Größe zustande kam. Die Küche war nicht nur supergemütlich, sondern auch äußerst intelligent eingerichtet – mit integrierter Dusche neben dem Spülstein. Darin konnte man so schön das benutzte Geschirr zwischenlagern. Ach, wie oft ich mit den Füßen in der Bratpfanne geduscht hab ... Einfach praktisch: Nach dreimal Duschen war die Pfanne sauber. Das Spülbecken nutzte ich dazu, meine Wäsche einzuweichen. Aufgehängt wurde die auch in der Küche. Dafür hatte ich eine Leine zwischen Gewürzregal und Kühlschrank über den Herd gespannt, den man allerdings während des Trocknens besser nicht hätte benutzen sollen. So wunderte ich mich einmal, warum sich meine Tomatensuppe so schwer rühren ließ – da hatte ich aus Versehen meine Unterhose mitgekocht! Gott sei Dank nicht die lange ...

Alles in allem also eine absolute Traumwohnung, wie man sie außerhalb von Burgholzhausen wohl nur noch in Nizza oder New York finden würde. Da wird es kaum jemand verwundern, dass mich mein nächster Schicksalsschlag so hart getroffen hat: Die Kündigung meiner Wohnung durch meinen eigenen Vermieter! Nach fünfzehn Jahren Wohnen! Natürlich war das nicht nur für mich ein Riesenschock – auch für meine Wohnung, die ja umgekehrt ebenso an mich gewöhnt war. Für mich ist meine Wohnung kein seelenloses Etwas. Im Laufe der Jahre habe ich zu den Einrichtungsgegenständen eine sehr enge Beziehung entwickelt. Wir haben auch gelernt, miteinander zu kommunizieren, und verstanden uns prächtig. Wenn ich abends nach Hause gekommen bin, begrüßte mich mein Kühlschrank mit einem warmen Brummen. Und die Toilette gluckste bei jedem Besuch vor Freude! Dieses zärtliche Band der Harmonie drohte jetzt von der brutalen Kündigung zerrissen zu werden. Wobei der Grund für die Kündigung absolut nicht nachvollziehbar war: Eigenbedarf! Das heißt: Mein Vermieter wollte plötzlich selbst wohnen! Unvorstellbar! Als Vermieter! Das ist doch lächerlich und total egoistisch! Eine Mami sagt doch auch nicht plötzlich zu ihrem Baby: Von heute an geb ich dir nicht mehr die Brust! Ich sauf die Milch jetzt selbst!

So war ich also von heute auf morgen gezwungen, die Brust zu wechseln. Und wie sagte meine Oma in diesem Zusammenhang immer:

>>**Zwei Unglücke komme meistens
zu dritt!**<<

So kam es dann auch …

ZWEI TÖDLICHE TODE

Batsch! Nächster Schicksalsschlag: Innerhalb von zwei Wochen sind mein Kater Paulchen und meine Oma beide tödlich verstorben. Zu beiden pflegte ich ein sehr enges und gutes Verhältnis. Denn beide hatten einen ausgeprägten Sinn für Humor. Ganz besonders mein Kater Paulchen. Obwohl er sonst sehr lieb und verschmust war, hatte er eine Vorliebe für schwarzen Humor. Wer ihn nicht so gut kannte, hätte ihm das echt nicht zugetraut! Wie die meisten seiner Art mochte er natürlich gerne Mäusewitze. Einer seiner Lieblingswitze ging so:

> Tritt ein Elefant auf eine Maus.
> Sagt der Elefant zu der Maus: »Oh, Entschuldigung!«
> Sagt das Mäuschen: »Ach, macht doch nichts. Hätte
> mir ja auch passieren können!«

Darüber hat er sich immer enorm amüsiert. Jeden Tag! Das Schöne ist ja: Katzen können sich einen Witz maximal einen Tag lang merken. Das hab ich ausgenutzt und ihm oft denselben erzählt! Aber ich hatte natürlich auch noch andere für ihn auf Lager. Diesen hier mochte er genauso gerne:

> Zwei kleine Mäuschen sind auf dem Heimweg vom
> Mäusekindergarten. Da fliegt eine Fledermaus über
> die beiden hinweg. Sagt die eine Maus zur anderen:
> »Wenn ich groß bin, werde ich auch Pilot!«

Und zum Schluss einen Mäusewitz, den ich noch von der Oma habe:

> Eine ängstliche Maus wird von einer Katze verfolgt.
> Die Maus rennt auf eine Viehweide, und in ihrer
> Not spricht sie eine Kuh an: »Bitte, liebe Kuh, rette
> mich!«
> Die Kuh ist hilfsbereit und sagt: »Okay, stell dich
> hinter mich.« Die Maus tut, was die Kuh von ihr
> verlangt und läuft hinter die Kuh. Dann lässt die Kuh
> einen Fladen fallen auf die Maus. Leider guckt aber

noch das Mäuseschwänzchen heraus. Die Katze sieht ihn, beißt in den Schwanz, zieht die Maus aus dem Kuhfladen und frisst sie auf.

Was lernen wir aus der Geschichte?

1. Nicht jeder, der dich bescheißt, ist dein Feind.
2. Nicht jeder, der dich aus der Scheiße zieht, ist dein Freund.
3. Wenn du schon in der Scheiße sitzt, zieh wenigstens den Schwanz ein!

Paulchen ging mit knapp 21 Jahren. Meine Oma war fast 100. Zum Schluss konnte auch sie keine Witze mehr behalten und ich erzählte ihr jeden Tag denselben.

Die Oma kannte ich ja schon seit meiner Geburt und seitdem war es nun das erste Mal für mich, dass sie tot war. Das mag etwas seltsam klingen, aber ich kannte sie ja nur lebendig – wenn ihr wisst, was ich damit sagen will. Es war ein vollkommen neues, ungewohntes Gefühl, keine Oma mehr zu haben, omalos zu sein. Und katzenlos. Und wohnungslos … Was für ein schweres Los!

Aber die Erinnerungen an die Oma sind noch sehr lebendig. Vor allem an den Streuselkuchen, den meine Oma sonntags immer gebacken hat. Der war »subbär legendär«! Zwei Finger dick der Teig und obendrauf ganz dick mit Streuseln bestreut. Nicht nur ein paar wenige Streusel, wie man sie oft in Bäckereien bekommt, nein – so richtig viele waren drauf, wie »druff geschisse«! Ehrlich,

eine ganze Kloschüssel voller Streusel kippte die Oma auf den Teig! Was für ein Streuselkuchen! Und jedes Mal – ich weiß nicht, wie sie das hinbekommen hat –, jedes Mal war der total trocken. Sogar frisch aus dem Backofen war der schon furztrocken! Der hat immer geschmeckt wie eingeschlafene »Käsfüß«. Aber ich hatte mich so sehr daran gewöhnt, dass ich noch heute keinen Streuselkuchen mehr essen kann, der nicht trocken ist. Da muss richtig Staub fliegen, wenn man reinbeißt! Dann ist er genau richtig.

Zuletzt habe ich öfters für sie eingekauft, weil sie das nicht mehr so gut konnte, und ich war immer wieder erstaunt darüber, welche teilweise sonderbaren Produkte sie mitgebracht haben wollte.

Ein alter Einkaufszettel von der Oma existiert sogar noch, den möchte ich als wichtiges Dokument der Zeitgeschichte hier abdrucken:

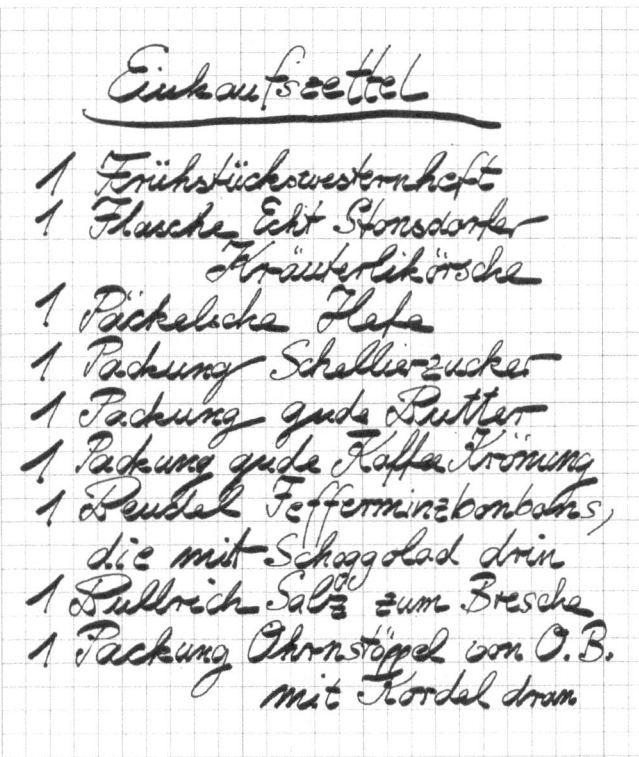

Jetzt werdet ihr euch bestimmt fragen, was wollte die Oma jetzt mit über Neunzig mit der Packung Tampons?

Genau, wie es schon auf dem Einkaufszettel angedeutet ist, steckte sich die Oma die als Ohrnstöppel in die Ohren. Und zwar nicht gegen irgendwelchen Lärm, denn sie war schon sehr schwerhörig. Nein, einmal die Woche kam eine jüngere Freundin zu ihr und hat ihr die Haare gewaschen. Damit sie kein Wasser in die Ohren bekam, stopfte sie sich die Tampons mit der Schnur zum Rausziehen in den Gehörgang!

Ein weiterer wertvoller Erinnerungsschatz ist für mich ihre Wortgewandtheit! All die vielen Sprüche und Weisheiten, die meine Oma in den unterschiedlichsten Situationen immer parat hatte.

Morgens nach dem Aufstehen schaute sie zum Beispiel in den Badezimmerspiegel und sagte voller Elan:

**»Gude Morsche, liebe Sorsche!
Leckt mich am Arsch bis morsche!«**

Aus eigener Erfahrung weiß ich, dass sich dieser Spruch sehr positiv auf schlechte Laune auswirkt. Probiert es doch einfach mal eine Woche lang aus. Stellt euch morgens vor den Spiegel und sagt diesen Spruch mit einem möglichst fröhlichen Gesichtsausdruck. Ihr werdet sehen, dass ihr nie mehr Sorgen haben werdet – außer morgen. Aber morgen kommt ja nie, es ist immer heute!

Dass es in Wirklichkeit kein Gestern und kein Morgen gibt, hat mir mein bester Freund erklärt, der Hans Jörg. Als Physiker kennt er sich damit aus.

Ist ja auch klar: Gestern war auch schon heute, heute ist sowieso heute, und morgen ist dann auch wieder heute; obwohl *heute* morgen *morgen* ist. Aber *morgen* ist morgen *heute!*

Ist gar nicht so einfach, gelle?! Umso mehr bewundere ich meine Oma, dass sie damals schon so viel von Physik verstanden hat.

Eigentlich bräuchte jeder Mensch nur die Sprüche meiner Oma zu beherzigen, dann käme er gut durchs Leben!

Manchmal hat mir die Oma auch eine Karte geschrieben von einer der vielen Busreisen, die sie bis ins sehr hohe Alter noch mitgemacht hat. Die wurden ja oft gesponsert von Rheuma-Decken-Herstellern oder Wurstfabrikanten. Die Oma kaufte natürlich nie etwas, sondern sie säckelte nur die Werbegeschenke ein und kam dann mit zig Dosen Leberworscht beladen zurück. Deshalb nannte man sie im Dorf die *Leberworscht Hilde.*

Von einer Kur in Bad Orb schrieb sie mir einen Brief, der ein traditionelles Familienrezept enthält.

Mein lieber Dappes,

ich hab mich fortgemacht
zur Kur nach Bad Orb
zu den annern alte Leut.
Ich gehör zwar noch nett
hier her, aber es is alles
umsonst, da wär ich ja blöd.
Mir tuts im Herz weh,
dass du über Ostern keine
Hefeklös kriegst von deiner
Oma. Mer weiß ja nett
wie lang ichs noch mach,
deshalb schreib ich dir auf,
wie mer die macht.
Pass uff, so gehts:

Hefeklös mit Äppelweinsoß

Für de Teig:

500 g Mehl
1 Päckelsche Hefe
1/4 Liter lauwarme Milch
50 g Zucker
Prise Salz
50 g Butter
1 Ei

Für die Äppelweinsoß:

1 Flasche Äppelwein
3 EL Zucker
1 Päckchen Vanille Puddingpulver
ein halber Teelöffel Zimt

In die Schüssel das Mehl rein,
in der Mitte eine Mulde drücken.
Da drin den Vorteig anrühren.
Also Hefe mit ein bissje lau-
warmer Milch, Teelöffel Zucker
und Teelöffel Mehl verrühren
und eine viertel Stund gehn lasse.
Dann den Rest Milch dazu
gebe, den Rest Zucker, die
Butter, die weich sein muss,
die Prise Salz, und alles gut
verknete. So lange schlage, bis
sich alles von der Schüssel löst
Da machst du den Hefeklos draus!

Im Gänsebräter (oder Kochtopf)
Wasser zum Sieden bringe. Nett zu
viel Wasser, da muss noch ein
Tuch drüber gespannt werden,
und des Tuch wird mit einer
Kordel an dem Topf festgebunde.
Bissi Mehl auf das Tuch.
Den Hefeklops ins Tuch, Deckel
drauf und 25 Minute dampfe
lasse.
Für die Soß 6 Esslöffel Äppelwein
mit 1 Esslöffel Zucker und dem
Puddingpulver verrührn.
Den Rest vom Äppelwein in den
Topf rein, 2 Esslöffel Zucker
dazu und dann zum Koche bringe.

*Nach dem Aufkoche die
Zuckermischung mit dem
Puddingpulver rein rühren,
dann runter nehme.*

*Gude Abbedit,
nix verklackert, nix verschitt!*

DER KANN MICH MAL

Wo wir vom Thema her schon mal bei meiner Oma gelandet sind, möchte ich auch nicht verschweigen, dass sich von mir noch eine ganz beträchtliche Menge weiterer Ahnen zurückverfolgen lässt.

Und wenn ich nun schon mal die Gelegenheit habe, etwas richtigzustellen, dann möchte ich das auch nicht ungenutzt lassen. Da gibt es nämlich die eine oder andere Begebenheit in der Weltgeschichte, die so nicht richtig dargestellt wird. Sagen wir es ruhig, wie es ist: In der Überlieferung weltgeschichtlicher Zusammenhänge wurde so manche Tatsache verdreht. Und aus mancher Episode der Weltgeschichte wurde die entscheidende Mitwirkung eines meiner Urahnen geleugnet, herausradiert oder einfach schlichtweg vergessen.

Der Donald, nicht die Ente, sondern der mit der schönen Frisur, würde jetzt wohl von *Fake News* sprechen. Für die, die dem Englischen nicht ganz so mächtig sind: Damit sind nicht die Nachrichten aus dem Dixi-Klo gemeint, also keine Fäk.-Nachrichten, sondern eher welche, die ihre ganz eigene Sicht der Dinge haben.

Wo ich gerade so an meine Oma und ihren morgendlichen Lieblingsspruch denke, fällt mir doch gleich wieder der berühmteste deutsche Arsch ein – und seine Verbindung zu meiner Familie.

Da kann selbst die Jeannette nichts dagegen haben, denn das ist in der Familienchronik verbürgt. Bei »*berühmtem deutschen Arsch*« wird wohl der ein oder andere jetzt an jemand anderen denken, dabei ist er eines unserer hochheiligsten Kulturgüter und stammt von dem deutschen Megadichter Johann Wolfgang von Goethe. Der hat nämlich dem Arsch ein Denkmal gesetzt. Und zwar nicht irgendeinem, sondern dem des Götz von Berlichingen, der an diesem, seinem eigenen, geleckt werden wollte.

Man könnte es natürlich auch so sagen: Er hat dies als Option in Aussicht gestellt, um ungelöste Konflikte zu bearbeiten. Heute würde man wohl eher auf Gesprächskreise, Jasmintee und die Arbeit mit dem inneren Kind setzen, aber damals, da gab's noch keinen Jasmintee in Deutschland.

Und wer sollte ihn an seinem Allerwertesten lecken? Kein geringerer als ein Kaiser; nicht der Franz, auch nicht der von der Versicherung, sondern der Maximilian.

Ich sage mal: Respekt, da traute sich einer was.

Und alles ist auch noch historisch belegt, also zumindest, dass der Götz gelebt hat und in Konflikt mit seinem Kaiser geraten ist. Das hat der Johann Wolfgang sich nicht ausgedacht. Und das mit dem am Arsche und so, das stimmt tatsächlich auch; nur eben nicht so, wie es der werte Herr von Goethe geschrieben hat. In die Geschichte war nämlich einer meiner Urahnen verwickelt: Der Reichsritter Martinus von Schneidrigen und Mühlenteich.

Wer? Ja, ich gebe zu, der hat jetzt keine großen Spuren in der Weltgeschichte hinterlassen und selbst Wikipedia kennt ihn nicht, aber es gab ihn wirklich. Ich hab schließlich ein Bild von ihm und Bilder lügen nun mal nicht.

Obwohl Jeannette ja immer behauptet, ich hätte nur Fotos von ihr gemacht, auf denen sie ganz furchtbar unvorteilhaft aussehen würde. In Wirklichkeit sähe sie ganz anders aus. Im Mai gab's dann sowieso immer wieder neue Fotos, weil man sich von den Alten getrennt hatte ...

Aber ich schweife ab, ich wollte doch eigentlich die Fake News aufklären!

Also: Der wirkliche Götz war so ein richtiger Haudegen, ein Mann der Tat, und in seinen eigenen Augen so etwas wie ein deutscher Robin Hood. Zu seiner Zeit hat das allerdings nicht jeder so gesehen, deswegen gab's auch den ein oder anderen Streit mit der Obrigkeit.

Der Goethe war dann im Nachhinein der gleichen Meinung wie der Götz und hat ihn als Superhelden im Kampf gegen die Ungerechtigkeit dargestellt. So eine Art Super-

Götz. Der hatte nämlich so etwas wie eine Superwaffe, der von Berlichingen, eine eiserne Faust. Und von der wollte man auch keine gefangen bekommen. Zwar hatte die noch keine Laserblitze und sowas, war aber trotzdem schon sehr beeindruckend.

Der Götz von Berlichingen, der stellte schon was dar damals, eine echte Kapazität im Ritterbereich. Mein Urahn, der Reichsritter Martinus von Schneidrigen und Mühlenteich, eher weniger. Der gehörte zum verarmten Landadel, konnte aber nix dafür, doch das ist eine andere Geschichte. Auf alle Fälle war er damals in der Truppe von dem Götz mit dabei.

Quasi ganz nach dem Motto: Lieber mal den ein oder anderen Raubzug mitmachen, als von Hartz IV leben.

Bei Götz lief das auch eine Zeitlang ganz gut, das Geschäft mit den Raubzügen, immerhin hat es für eine schmucke Rüstung gereicht, doch dann hat sich das Blatt plötzlich gewendet.

Irgendwie ist der Götz in Ungnade gefallen, wahrscheinlich nur ein Missverständnis wegen der Steuer oder so. Auf alle Fälle hat der Kaiser direkt die dicke Keule ausgepackt, ihn gejagt und bedrängt und noch jede Menge andere Sachen gemacht, die Jeannette manchmal auch draufhat. Eines Tages musste sich der Götz mit meinem Urahnen und noch ein paar Kollegen auf eine Burg zurückziehen und dort verschanzen. Sie drinnen, und draußen ein paar Leute mehr, die unbedingt wollten, dass sie rauskämen.

Und dann ist genau das passiert, was später mit zu den berühmtesten Fake News wurde. Mein Urahn und der Götz stehen draußen auf der Burgbrüstung und diskutieren mit den Leuten davor. Es war ziemlich windig an diesem Tag und ein paar Hitzköpfe machten zusätzlich Radau. Und schließlich war der Götz ja auch nicht mehr der Jüngste.

Die Kollegen draußen riefen also dem Götz zu, er solle rauskommen. Der verstand das nicht so richtig, also akustisch, und fragte meinen Urahn »Wer soll was auskämmen?« Mein Urahn übersetzte, und so ging das eine ganze Weile hin und her. Die vorm Tor riefen was, Götz fragte bei meinem Urahnen nach und schrie dann was zurück und so weiter. Wie man sich vorstellen kann, zehrte der ganze Stress mit der Belagerung und dergleichen ganz schön an den Nerven.

Irgendwann hatte mein Urahn wirklich die Schnauze voll und als der Götz zum dritten Mal nachfragte: »Was haben die gesagt?« antwortete Martinus: »Ach, leck mich doch im Arsch!« Der Götz hatte nix besseres zu tun, als das zu wiederholen. Dies tat er aber nicht in Richtung meines Urahnen, sondern in Richtung der Belagerer, und der Rest ist Geschichte. Der feine Herr von Goethe hat es nur falsch aufgeschrieben. Aber der hatte ja auch nicht unsere Familienchronik gelesen. Hätte er mal besser machen sollen, von Goethes Heimatstadt Frankfurt bis nach Burgholzhausen ist es ja nicht so weit.

So wurde der Götz zum Superheld und mein Urahn geriet in Vergessenheit. Aber nicht bei mir. Und ihr kennt sie jetzt auch: Die wahre Historie vom Arsch und dem Reichsritter Martinus von Schneidrigen und Mühlenteich.

ZUM LACHEN ZUM INDER

Die beiden Todesfälle, die Kündigung und die außerplanmäßige Trennung setzten mir ganz schön zu. Da stieß ich zufällig auf folgende Anzeige in der Lokalpresse:

```
    Befreiung durch Lachen
  Lach-Yoga mit indischem Meister.
  www.lach-dich-schlapp-yoga.de
```

Zuvor hatte ich noch nie etwas von Lach-Yoga gehört. Deshalb klang das Wort für mich erst einmal sehr seltsam. Lachen und Yoga bringt man ja eigentlich nicht direkt in einen Zusammenhang. So hörte es sich für mich genauso komisch und unpassend an, wie beispielsweise Sauf-Schach oder Kotz-Turnen. Aber irgendwie fand ich die Mischung aus Yoga und Lachen interessant und ich war neugierig, was da wohl dahintersteckt. Bestimmt etwas Lustiges, sonst hätte es ja nichts mit Lachen zu tun.

Also entschied ich mich dazu, an diesem eintägigen Kurs im evangelischen Gemeindezentrum von Ober-Erlenbach teilzunehmen. Zumindest würde es mich vorübergehend mal auf ein paar andere Gedanken bringen. Da ich vorher noch einen Termin bei meiner Zahnärztin hatte, kam ich einige Minuten zu spät in den Kursraum. Dort standen elf Frauen und ein Mann im Kreis und – tatsächlich! – sie bogen sich vor Lachen. Der Mann, schwarzhaarig, in einem orangefarbenen Gewand und mit langem Vollbart, lud mich mit freundlicher Geste dazu ein, mich dem Kreis anzuschließen. Offenbar war er der indische Meister, der den Kurs leitete. Später habe ich erfahren, dass man ihn den Lach-Baba nannte. Baba, habe ich dann gelernt, sagt man in Indien zu einem Vater, Großvater oder Meister. Da war ich erst einmal total sprachlos. Denn stellt euch vor: Bei uns in Hessen sagt man ja auch zu seinem Vater Babba! Dies deutet also auf eine uralte sprachliche Verwandtschaft zwischen dem Indischen und dem Hessischen hin.

Ich nahm an, dass der Lach-Baba wohl gerade einen ziemlich guten Witz gerissen haben musste, sodass sich die teilnehmenden Frauen und Männer jetzt drüber »*scheggelisch*« lachten. Als ich eine Teilnehmerin fragte, welcher Witz denn gerade erzählt wurde, antwortete sie mir nicht, sondern lachte nur umso lauter.

Mit der Zeit begriff ich, dass hier keine Witze erzählt wurden. Der Meister zeigte uns, wie man aus dem Stand heraus und ohne einen einzigen Gag in ein ekstatisches Lachen kommen kann. Zwischendurch machte er immer wieder einen coolen Spruch. Seine Sprüche erinnerten mich seltsamerweise alle an die von meiner Oma, als hätte er sie von ihr übernommen!

Und selbst sein Gesichtsausdruck und seine schelmischen Augen erinnerten mich an meine Oma …

Bei den Übungen lachte er als Erster vorneweg und die Gruppe fiel dann voller Begeisterung in das Lachen mit ein. Also probierte ich es aus und versuchte mitzulachen. Am Anfang klappte es auch, aber plötzlich kippte mein Lachen und schlug in Weinen um, ja, irgendein Gefühlsknoten war geplatzt, und ich heulte auf einmal Rotz und Wasser! Wie hochnotpeinlich mir das war! Vor all den Frauen kamen mir die Tränen … Und das im Lach-Yoga-Kurs! Geht's noch? Ich kam mir vor, wie jemand, der in der Kirche beim Abendmahl lauthals einen Trinkspruch raushaut: »Hopp, hopp, hopp, Schoppe in de Kopp!« – ein absolutes No-Go!

Aber na ja, ich war halt immer schon sehr nahe am Wasser gebaut. Ihr müsst wissen, wir wohnten früher direkt am Erlenbach. Und jetzt brach sich die ganze Trauer über die letzten Ereignisse während der Lachübung urplötzlich Bahn. Nach dem Kurs ging ich noch einmal zu dem Meister und wollte mich für meinen Weinanfall entschuldigen. Ich erzählte ihm von meinen ganzen Schicksalsschlägen und sagte, dass mir vor allem die Trennung von meiner Freundin dieses Mal viel mehr zu schaffen machte als sonst. Doch der Lach-Baba fing wieder an zu kichern und meinte mit seinem indischen Akzent: »You have thousands of lives more! And you will meet a million of other girls more! Why can you be sad because of one girl?! Ha ha ha ha!«

In tausenden noch kommenden Leben werde ich noch unendlich viele Frauen kennenlernen – warum sollte ich mir also jetzt wegen nur einer Einzigen meinen Kopf zerbrechen? Von dieser Seite aus hatte ich das Ganze noch gar nicht betrachtet. Geht man davon aus, dass man noch unendlich viele Male wiedergeboren wird, erscheint jeder Schicksalsschlag im Leben wie ein winziger »*Miggeschiss*«. Nach dieser Erkenntnis schoss mein Gute-Laune-Pegel sprunghaft nach oben.

Die indische Tradition mit der Wiedergeburt war mir immer schon sehr sympathisch gewesen. Es ist endlich an der Zeit, dass man das auch bei uns in Hessen einführt. Meine Oma sagte schon immer:

> **»Des Menschelebe, des is korz,**
> **es geht vorbei schnell wie enn Forz!«**

Deshalb ist *ein* Leben definitiv zu wenig, oder? Was soll der Geiz? Lasst uns noch viele, viele Leben dranhängen! Mit Sicherheit wäre dann bei den Beerdigungen die Stimmung bedeutend besser. Mit dem Sterben ist es ja wie mit den Trennungen: Vorübergehend ist es irgendwie noch erträglich. Aber für immer tot ist einfach scheiße!

Der Lach-Baba schaute mir dann noch einmal sehr intensiv in die Augen. Dann meinte er: »I know you from many lives before. You have been an Indian Yogi!«

Leck mich am Ärmel! Ich ein indischer Yogi? Da blieb mir echt die Spucke weg. Das muss aber echt schon einige hundert Jährchen her sein! Ich hab nämlich keinen blassen Schimmer mehr davon. Aber bei genauerem Hinsehen machte das sogar Sinn. Es gab nämlich ein paar Dinge in meinem Leben, die ich mir bisher nicht so wirklich erklären konnte. Zum Beispiel die Tatsache, dass ich schon als kleiner Junge so gerne im Schneidersitz gesessen habe! Genauso haben sich meine Eltern immer darüber gewundert, dass ich partout keine langen Unterhosen tragen wollte. Jetzt war mir der Grund dafür plötzlich klar – das rührte noch von meiner Zeit als Maharadscha. In Indien ist es nämlich viel zu heiß für lange Unterhosen!

Die Begegnung mit dem Lach-Baba hatte mich sehr beeindruckt. Bis dahin wusste ich ja überhaupt nichts davon, dass meine Wurzeln auch nach Indien reichen. Fotos aus dieser Zeit existierten ja nicht.

Das hat mich alles schon ganz schön umgehauen. Mein lieber Herr Gesangverein! Aber was der große indische Meister mir dann zum Schluss noch an den Kopf gehauen hat – das war echt ein absoluter Klopper!

Jetzt haltet euch mal gut fest, der sagte mit ernster Stimme: »And I am your Grandmother.«

Jetzt hatten ihn wohl alle guten Geister verlassen!

Der Lach-Baba meine Oma? Also, damit hat er es jetzt doch ein bisschen übertrieben! Obwohl …

Irgendwie hatte er mich ja tatsächlich von Anfang an an meine Oma erinnert. Seine Sprüche … Seine Augen … Seine Pausbäckchen …

Wollte er mir damit also sagen, dass er die Wiedergeburt meiner Oma ist?

Meine Oma sollte in den Lach-Baba hinein reinkarniert haben?

So ganz überzeugt war ich nicht und ich fragte noch mal nach: »Really??«

Darauf sagte er: »No!«

Und lachte sich kaputt. Der alte Witzbold!

DAS INDISCHE GRABMAL

Es gibt da jetzt noch eine zweite mögliche Erklärung für meine ausgeprägte Neigung zum Schneidersitz, die Abneigung gegenüber langen Unterhosen und mein Faible für alles Indische. Und die hat nichts mit Seelenwanderung zu tun, sondern mit dem Austausch von Zärtlichkeiten in einem vornehmen Kurhotel im Taunus.

Wenn man sich schon mal an einem Ort der totalen Entleerung befindet, dann ist es wohl auch an der Zeit, all die nicht ganz so richtigen Aussagen abzuschütteln, die über meine Ahnen existieren. Das ist wie so eine Art Einlauf für die Seele.

Es gibt da ein Foto in unserem Familienalbum: Das Bild von einem echten Maharadscha.

Die Oma sagte immer:

**»Was am Erlenbach passiert,
das bleibt auch am Erlenbach!«**

Aber kurz bevor sie für immer von mir gegangen ist, hat sie mir dann doch noch eine Geschichte erzählt, die zwar am Erlenbach ihren Ursprung nahm, doch dann weltweite Kreise zog. Die Geschichte handelt von einem Maharadscha, von ihr, von Rosen und von meiner sonderbaren Neigung zum Verharren im Schneidersitz.

Zu der Zeit als die Oma noch ein junger, und wohl auch ganz schön heißer Feger war, galt das sieben Kilometer von Burgholzhausen entfernt liegende Bad Homburg als ein Treffpunkt für kurende Adelige aus der ganzen Welt. In einem der vornehmen Hotels fand die Omi damals eine Anstellung als Zimmermädchen. Ehrlicherweise muss man sagen, dass das »Hotel zur Taube« von den vornehmen das unvornehmste war. Bis dato hatte sich noch nie ein Herrscher solchen Ranges dorthin verirrt. Vermutlich war es dem Umstand zu verdanken, dass die Taube das Wappentier des Maharadschas Nripendra Narayan von Cooch Behar war, der das komplette Gebäude samt seiner Bagage in Beschlag nahm.

Wie man sich vorstellen kann, herrschte natürlich überall große Freude über den Besuch des indischen Herrschers. Meine Oma, dieses sehr ansehnliche junge *»Zuggerschneck-*

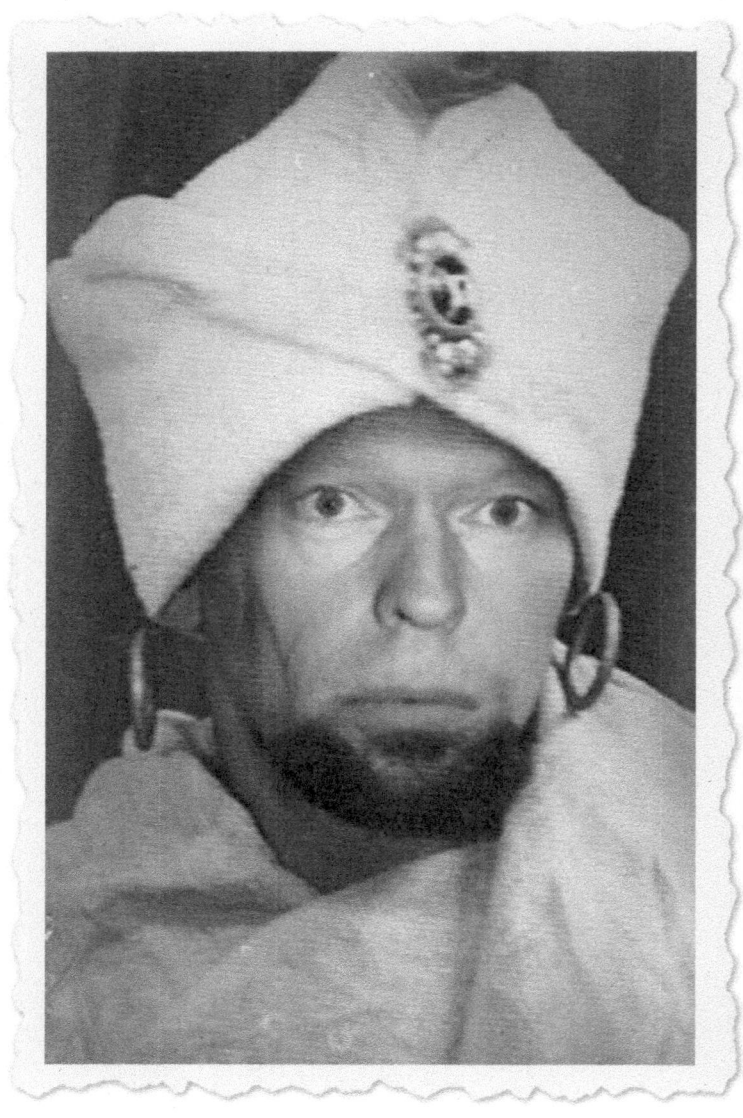

sche«, war als Zimmermädchen der Tadsch-Ma-Hall-Suite zugewiesen. Die hatte man kurzfristig umbenannt, vorher hieß sie Kaiser-Wilhelm-Suite. Ein Beweis dafür, dass man dort eigentlich schon immer mit hohem Besuch gerechnet hatte.

Meine Oma konnte so schön anschaulich erzählen. Diese Geschichte schmückte sie mit allen möglichen Informationen über die Putzmittel aus, die ihr damals zur Verfügung standen und über die Beschaffenheit des Bettleinens. Allerdings wurde die eigentliche Erzählung der Geschehnisse ab da ein bisschen schwammig. Das kennt man ja auch noch von den alten Videokassetten von früher. Da setzte dann plötzlich mittendrin ein Rauschen ein oder das Bild wurde unscharf und manchmal sogar bis zur Unkenntlichkeit verschwommen. Da half eigentlich nur noch Vorspulen. So etwas Ähnliches machte meine Oma bei dieser Geschichte dann auch. Zwischen: »Der war schon ein ganz schöner Schlawiner, der Nripendra« und »Ja, und dann bin ich zu meiner Tante Gertrud nach Berlin gereist«, gab's so eine Art Erzähl-Nirwana. Nur davon, dass sie dem netten Maharadscha einmal eine Portion hausgemachter »*Grie Soß*« (Grüne Soße) mit zehn hartgekochten Eiern zum Probieren mit ins Kurhotel gebracht hatte, erwähnte sie. Und stolz führte sie dann aus, dass dem indischen Womanizer die hessische Spezialität so gut schmeckte, dass er nach dem Rezept verlangte. Zurück in Indien ließ er sich von seinen Leibköchen immer neue Varianten der Grünen Soße zubereiten, beispielsweise mit Ingwer und grünem Chili.

Auf alle Fälle muss sich der gute Mann auf irgendeine besondere Weise bei meiner Oma für die Leckerei bedankt haben ... Was da so in einer romantischen Vollmond-Nacht passiert ist zwischen den beiden Turtelnden, das hatte quasi globale Auswirkungen, die heute noch immer zu spüren sind.

Der Maharadscha war wohl nicht ganz damit einverstanden, dass sein Zimmermädchen plötzlich einfach ausgetauscht wurde durch eine gewisse Annegret. Wenn meine Oma ein Feger war, dann war die Annegret doch eher ein laues Lüftchen und der Nripendra alles andere als begeistert. Er machte dann auch all seinen Einfluss geltend, um mehr über das Verbleiben der Oma herauszubekommen. Das ging sogar so weit, dass er mit Curry-Import-Stopp für Bratwürste und einem Stoppen der Produktion von Bollywood-Filmen drohte. Es half aber alles nix. Der Maharadscha erntete nur eine Mauer des Schweigens. Damit wollte er sich allerdings nicht zufriedengeben.

Zu seiner Bagage gehörte damals auch eine kleine Spezialtruppe aus unerschrockenen Kriegern, die Gurkhas. Mit schönen Messern ausgestattet, sorgten die zu Hause in Indien schon mal ganz gern für Recht und Ordnung, oder für das, was sie dafür hielten. Jetzt hätte das aber wahrscheinlich zu schwerwiegenden diplomatischen Irritationen geführt, wenn die Gurkhas Messer schwingend durch Hessen und die angrenzenden Gebiete ausgeschwärmt wären, um meine Oma zu suchen. Es musste also eine Tarnung her.

Als Mann von Welt wusste der Maharadscha, dass alle Frauen Blumen lieben, insbesondere die Königin der Blumen, die Rose. Über kurz oder lang konnte da keine Frau widerstehen. Das wusste man auch in Indien. Also wurden die Gurkhas nicht mit Messern, sondern mit Rosen bewaffnet und in die ganze Welt hinausgeschickt.

Jetzt war es aber schlecht möglich, bei jeder Wohnung zu schellen, also konzentrierte man sich auf gastronomische Einrichtungen. Jeder Krieger war mit einem Bild der Oma bewaffnet und mit Rosen. Das hieß: Rein in die Gaststätte, Rosen zum Verkauf angeboten und heimlich nach der Oma Ausschau gehalten. Nachdem man in Hessen damit nicht sonderlich erfolgreich war, wurde das Suchgebiet weiter ausgedehnt. Dafür mussten dann neue Krieger rangeschafft werden, und da der Maharadscha zu Hause auch noch was zu tun hatte, setzte er einen Sonderbeauftragen ein. Der gründete ein geheimes Ausbildungslager in Ober-Erlenbach, das dann als Yoga-Zentrum getarnt wurde.

Eines musste man dem guten Nripendra lassen: Ausdauernd war er. Und reich war er auch. Dies beides führte dazu, dass er in seinem Testament veranlasste, dass die Suche auch über seinen Tod hinaus fortgesetzt werden sollte, bis die Oma endlich gefunden würde. Und wenn schon nicht die Oma, dann immerhin die Kinder der Oma und wenn auch die nicht, dann deren Kinder.

Dass die Geschichte wahr ist, sieht man schon an den ganzen indischen Rosenverkäufern, die heute noch durch die Innenstädte wandern. Aber ob der Maharadscha der Grund dafür sein könnte, dass ich so gerne im Schneidersitz sitze, dazu hat sich die Oma leider nie ganz eindeutig geäußert ...

KAPITEL 2:
DER ALBTRAUM VOM EIGENEN HAUS – ODER: WARUM MAN SCHIMMELIGE ERDBEERMARMELADE NICHT MIT SCHIMMELIGEN WÄNDEN VERGLEICHEN KANN

Testament

Ich weiß, wie frische Leberwurscht
riecht, wie se schmeckt,
wann se schmeckt, und wann
se nett mehr schmeckt. Jetzt
schmeckt se nett mehr und
ich weiß, jetzt is Zeit, mein
letzte Wille aufzuschreibe.
Ich mach's kurz: Martin, du kriegst _Alles!_
Ihr Annern klappt euch nett, ihr
habt genug eingesäckelt, wo ich nach
gekiekt hab. Meint ihr, ich hab's
nett gsehn, wenn ihr den Kandis
aus'm Glas geklaut, die Blumme

aus'm Gadde gerppt und
das Beet zertrampelt habt?
Und immer nur die billigste
Praline habt ihr mir zum
Geburtstag geschenkt!
Nee, alles gut, lasst die Oma
noch ema ein letzte Witze
mache. Ich guck mir jetzt die
Tulpezwiebbel von unne an,
wenn ihr das lest. Die sind
hübscher als eure Pannekuche-
gesichter.
P.S. Keine Mark an Jeanette!

Nach den vielen traurigen Ereignissen gab es dann auf
einmal wieder einen Lichtblick. Weil ich als einziger
Enkel notgedrungen auch der Lieblingsenkel meiner
Oma war, vererbte sie mir ihr uraltes Häuschen, in dem
sie fast 80 Jahre lang gelebt hatte. Das hörte sich für mich
natürlich erst einmal sehr gut an. So hätte ich wenigstens wieder ein Bett unter dem Kopf. Und über dem

Kopf ein Dach. Sicherheitshalber wollte ich aber zunächst ausprobieren, ob ich denn in Omas Häuschen schlafen konnte. Es war ja voller Erinnerungen! Und, ich sage es gleich vorweg, die Probe-Nacht war eine der furchtbarsten Nächte, die ich je in meinem Leben gehabt hatte!

Ich schlief genau in dem Zimmer, in dem ich damals schon als kleiner Bub immer schlafen sollte, wenn mich meine Eltern einmal zur Oma gebracht hatten. Und was war jetzt so schlimm? Das will ich euch sagen. Ich habe Heimweh gekriegt! Ganz, ganz schlimm Heimweh! Genau wie früher! Und früher musste mich mein Papa immer spätestens um halb zwölf Uhr nachts wieder abholen von der Oma. Weil ich vor lauter Heimweh nicht schlafen konnte.

Nach dreieinhalb Stunden des Hin- und Herwälzens und furchtbaren Schluchzens entschied ich mich, das Schlafexperiment abzubrechen und mich abholen zu lassen. Aber jetzt war das alles nicht mehr so einfach wie früher. Meinen Vater konnte ich telefonisch nicht erreichen, da meine Eltern auf einer Wandertour im Schwarzwald waren. Die einzige erreichbare Verwandte von mir um diese Uhrzeit war meine Tante Gisela, die aber aus Altersgründen schon seit einem halben Jahr ihren Führerschein abgegeben hatte. Sie bot an, eine ihrer Cousinen zu fragen, die zwar noch ihren Führerschein hatte, aber auch schon 98 Jahre alt war. Das wollte ich dann natürlich doch nicht riskieren.

Schließlich fiel mir ein, dass ich mir ja einfach ein Taxi rufen konnte! Genau, ein Taxi! Eine super Idee!

Der Taxifahrer, der mich abholte und wieder zurückfuhr, war sehr verständnisvoll und mitfühlend – und ließ mich vorne sitzen.

Da das Haus meiner Oma von oben bis unten voller Erinnerungen war, hab ich mich dann eindeutig dazu entschieden, dort nicht einzuziehen. Ich wäre einfach immer wieder traurig geworden beim Anblick der alten Sachen. Der alten Unterröcke im Kleiderschrank, der leeren Klosterfrau-Melissengeist-Flaschen in der Küche und der vielen Medikamente und Hühneraugen-Pflaster im Nachtschränkchen. Und dann waren da noch die alten Zeitungen in dem Klohäuschen. Wenn man sich damit abwischte, konnte es sein, dass man das Gesicht von Adolf Hitler auf der Arschbacke hatte! Wenn mich damit jemand erwischt hätte ... Gut, für die Generation meiner Oma war das damals normal. Meine Uroma hatte bestimmt noch das Gesicht vom Kaiser Wilhelm auf ihrem Allerwertesten, anstelle eines Arschgeweihs.

Und wie ich da so an die Uroma denke, kommt mir direkt auch ihr Vater in Erinnerung, auch wenn ich ihn selber natürlich nie getroffen habe. Der war irgendwie eine tragische Figur. Aus heutiger Sicht und mit Abstand betrachtet, war er gleichzeitig aber auch sehr komisch.

Meine Oma sagte einmal:

**»Eine Komödie ist eine Tragödie
aus der Vogelperspektive betrachtet.«**

Ach, nee, Moment mal, Tschuldigung – das war der Regisseur Billy Wilder, der das sagte!

 Trotzdem überfällt mich bei dem Gedanken an ihren Urgroßvater eine leichte Traurigkeit. Und im selben Augenblick muss ich grinsen. Seltsam, gelle? Als ich Jeannette mal die Geschichte erzählte, meinte sie nur, hoffentlich ist bald Mai.

Mein Urahn galt in seiner Familie als »übergescheit«. Ein Übergescheiter konnte sehr klug daherreden und komplizierte mathematische Formeln lösen, war aber den Herausforderungen des alltäglichen Lebens nicht gewachsen. Meine Oma charakterisierte sowas immer sehr treffend mit dem etwas spöttischen Spruch:

**»Warum einfach,
wenn's auch kompliziert geht?!«**

Hans Hermann Schneider, so hieß mein Ururgroßvater, fiel schon in der Schule dadurch auf, dass er ganze Bücher innerhalb von Stunden auswendig lernen konnte und mit seinem Wissen schnell den Lehrer in den Schatten stellte.

Für die Landwirtschaft war der gute Hans Hermann jedoch nicht zu gebrauchen. In den Augen der anderen war er ein ungeschickter »*Dilldapp*«. Das war er aber gar nicht; er war nur sehr genau und ging den Dingen auf den Grund. Er brauchte einen halben Tag dazu, einen Korb voll Äpfel zu pflücken. Jeden gepflückten Apfel besah er sich ganz genau in seiner Hand, drehte und wendete ihn, roch an ihm und sinnierte über seine Form und sein Wesen.

Da er so mit allen Dingen verfuhr, machte er damals alle Leute um sich herum *meschugge*. Deshalb beschloss man, ihn auf eine höhere Schule nach Frankfurt zu schicken, um ihn loszuwerden. Hans Hermann wurde Ingenieur und studierte sogar noch Physik – das hatte es in unserer Familie noch nie gegeben! Darauf waren alle sehr stolz und in ganz Burgholzhausen erzählte man gerne von dem großen Gelehrten, den das Dorf hervorgebracht hatte. Aber mit ihm zu tun haben wollte man lieber nichts. Und wenn man sich mal mit ihm traf, dann nahm man ihn gerne hoch. So weiß ich, dass sein Schwager auf einer Geburtstagsfeier zu ihm sagte: »Du, Hans Hermann, du bist doch so gelehrt und begabt und hast schon Sachen erfunden. Kannst du nicht mal für unseren Hof eine Mäuse-Melk-Maschine konstruieren?«

Wohl kein Tüftler wäre diesem unsinnigen Ansinnen nachgekommen – Hans Hermann nahm diesen Auftrag ernst, zog sich zwei Wochen zurück und präsentierte dann stolz der Verwandtschaft die erste Mäuse-Melk-Maschine der Welt. Doch anstatt begeistert zu applaudieren, brachen alle in lautes Gelächter aus. Das konnte Hans Hermann partout nicht begreifen und er dachte, er hätte irgendetwas an seiner Erfindung falsch gemacht.

»Das war doch ein Witz!«, rief sein Schwager.

»Ein Witz?«

Was daran ein Witz sein sollte, konnte der übergescheite Erfinder nicht verstehen. Weil er auch sonst keine Witze verstand. Man sah in ihm deshalb auch eine stinkstiefelige Spaßbremse. Zum einen war es so, dass er über die Scherze der anderen nie lachte. Das deutete man als eine gewisse Arroganz und Überheblichkeit gegenüber den etwas derberen Bauern. Zum anderen steuerte er selbst nie auch nur einen Mini-Witz zur allgemeinen Heiterkeit auf irgendwelchen Festen bei. Allerdings war dies keine absichtliche Frohsinns-Verweigerung, sondern allein die Folge fehlenden Humors. Ja, ich sag es euch, für meinen Ururgroßvater war Humor ein Fremdwort, ein Buch mit sieben Siegeln. Er hatte nicht das geringste Talent, sich über irgendetwas zu amüsieren. Man sah ihn nie lachen. Mit einer Ausnahme: Jedes Jahr an Silvester trank er fünf Gläschen Pflaumenlikör – es war der einzige Tag im Jahr, an dem er ein Getränk mit Umdrehungen zu sich nahm. Nach dem fünften Gläschen wankte er Richtung Schlafzimmer, legte sich ins Bett und lachte und lachte und hörte nicht mehr auf zu lachen. Er holte damit wohl das ganze Lachdefizit vom vergangenen Jahr wieder auf.

Noch lange später war sein Silvesterlachen in unserer Familie sprichwörtlich. Wenn sich einer schüttelte vor Lachen, hieß es immer: Der schreit wie Opa Hermann an Silvester! Ihr fragt euch jetzt bestimmt, was seine Frau dazu sagte.

Das weiß ich nicht, aber mich wundert es, dass er überhaupt eine gekriegt hatte. Welche Frau will denn mit einem solch knochentrockenen Mann zusammen sein? Vielleicht war sie ein Engel und hat ein Leben lang versucht, ihn aufzuheitern. Aber geschafft hat sie es wohl nie. Es hieß, noch nicht einmal lächeln konnte er. Traurig, gell?

Wie die beiden es fertigbrachten, ein Kind zu zeugen, nämlich meine Uroma Ottilie, das ist allen bisher ein Rätsel geblieben. Hans Hermann wusste in der Theorie mit Sicherheit Bescheid, aber wie er das in die Praxis umsetzen konnte, kann und möchte ich mir nicht vorstellen. Es konnte eigentlich nur in einer Silvesternacht passiert sein, und Hans Hermann hat sich dabei kaputtgelacht.

Als neugieriger Wissenschaftler mit großem Forschungsdrang wollte Hans Hermann aber auch dieser geheimnisvollen Sache auf den Grund gehen, die man *Humor* nannte. Er las alle Bücher und Aufsätze, die ihm dazu in die Hände kamen. Zusätzlich ließ er sich ab dem Alter von sechzig Jahren von Hunderten von Leuten Witze erzählen und fragte sie, was sie daran lustig fanden. Da wäre ich natürlich gerne mal dabei gewesen! Nichts ist lustiger als ein bierernster, humorloser Stoffel, der versucht, das Komische in einem Witz zu entdecken!

Er sammelte in seinen letzten siebenundzwanzig Lebensjahren zigtausende Witze und Anekdoten, zum Teil kamen die sogar aus den damaligen Kolonien. Viele waren nach damaligem Geschmack unmoralisch und unzüchtig, was ihre Beliebtheit unter den Herren sehr gesteigert hat.

Die Witze wurden von meinem Ururgroßvater nach Themen und nach Funktionsprinzipien geordnet. Witze funktionieren ja teilweise nach unterschiedlichen Gesetzen, zum Beispiel beruhen viele auf einem Missverständnis. Anekdoten erhalten ihren Witz vor allem durch Übertreibungen. Allen gemeinsam ist eine Art von Überraschung zum Schluss. Es gelang ihm auch, in der Theorie zu verstehen, wie ein Witz funktioniert, und die Pointe ausfindig zu machen. Er konnte dann also genau sagen, an welchem Punkt man zu lachen hat. Aber selber an diesem Punkt lachen konnte er nie, so sehr er sich auch bemühte.

Schade, dass ich ihn nicht mehr zum Lach-Baba mitnehmen konnte. Der hätte ihn bestimmt geheilt!

Hier noch ein Witz aus dem Archiv meines Urahns, über den er leider selber nie gelacht hat:

> Als ein Arzt einmal zu Kaiser Wilhelm II sagte, er habe einen kleinen Schnupfen, soll sich der Kaiser empört haben:
> »Einen großen Schnupfen! Ein kleiner wäre meiner nicht würdig!«

Auch mein bester Freund Hans Jörg riet mir davon ab, in das vermachte Häuschen meiner Oma einzuziehen. Wenn ich da einziehen würde, bekäme ich noch Depressionen.

Und da ich sowieso nicht so viel von diesen ganzen neumodischen Krankheiten halte, wollte ich ein solches Risiko erst gar nicht eingehen.

Meine Oma hat ja auch schon immer gesagt:

**»Aus'm traurische Arsch
kommt kein frehlische Forz!«**

DER GEIST VON PIPPILOTTA

In dieser Lage kam mir die Idee, das Haus meiner Oma zu verkaufen. Von dem Geld, das mir der Verkauf einbringt, könnte ich mir dann ja ein anderes Häuschen kaufen! Und kaum hatte sich dieser Gedanke in meinem Kopf verfestigt, nahm mich das Schicksal auch schon wieder an die Hand und führte mich schnurstracks Richtung Ziel. Bei meinem nächsten Sonntagsspaziergang an einem sonnigen Nachmittag im August spazierte ich direkt an einem wunderschönen Garten vorbei, in dem ein Schild stand mit der Aufschrift: »Zu verkaufen!«

Nanu, dachte ich im ersten Moment, warum will denn da einer ein Schild verkaufen? Aber dann sah ich im Anschluss an den Garten ein älteres Haus stehen, das mich sofort an die Villa Kunterbunt von Pippi Langstrumpf erinnerte. Pippi war übrigens meine erste große Liebe, damals mit achteinhalb Jahren. Natürlich hat sich diese Liebe nie erfüllt; meine Eltern waren strikt dagegen, dass ich alleine mit dem Zug nach Schweden fahre. Und mit meinen Eltern zusammen wäre mir das dann doch ein bissje peinlich gewesen. Bis heute ist sie eine Art Traumfrau für mich geblieben. Dieses Idealbild einer Frau ist leider im wahren Leben kaum anzutreffen. Wo findet man denn bitte so leicht eine humorvolle, kreative Frau mit roten Zöpfen und einem Koffer voll Gold?

Jedenfalls hatte ich sofort ein warmes Gefühl für das zum Verkauf stehende Haus, weil dort irgendwie der Geist von Pippi umherschwebte.

Und wenn man schon mal so am Schwelgen in der Vergangenheit ist, dann fallen einem auf einmal ganz viele Sachen ein. So ähnlich wie mit der Jeannette. Wenn die einmal mit mir böse wurde, zum Beispiel, weil ich den Adventskranz im April immer noch nicht entfernt hatte, dann fielen ihr auch noch eine ganze Menge anderer Sachen ein, die ich angeblich noch immer nicht gemacht hatte oder schon längst hätte machen sollen. Das reicht dann bis in meine Kindheit zurück, obwohl die Jeannette und ich uns da noch gar nicht kannten. Sie hat halt ein phänomenales Gedächtnis. Aber wie ich so an die Pippi denke, da fällt mir ein, dass die auch einen Papa hatte: Kapitän Efraim Langstrumpf, Schrecken der Meere und König von Taka-Tuka-Land. Einen Schrecken der Meere hatten wir auch in der Familie. Der war aber eher erschre-

ckend als schrecklich. Zumindest in der Wahrnehmung der damaligen Zeit. Obwohl das gar nicht stimmte. An dem Punkt habe ich was mit ihm gemeinsam: Mir wird von der Jeannette ja auch oft Unrecht getan.

Wie so viele meiner Ahnen ist auch er in Vergessenheit geraten, und wie man sich denken kann, natürlich völlig ungerechtfertigt. Der war nämlich seiner Zeit ganz weit voraus und eigentlich ein verkanntes Genie. Und wäre er nicht verkannt worden, dann würde er heute in einem Atemzug mit Efraim Langstrumpf, Sir Francis Drake oder Klaus Störtebeker genannt werden. Aber weder bei »Wer weiß denn sowas?« oder bei »Wer wird Millionär?« fragt man nach dem legendären Michael Snyder. Obwohl mein Urahn der Begründer des modernen Leadership war, wie man heute so sagt. Klar, Lieder gab es schon immer auf den Schiffen, da kommt der Begriff ja ursprünglich her, aber das in einem ganz anderen Zusammenhang. Damals war es halt so üblich, dass der Kapitän der Chef von allem war und dass getan wurde, was er wollte. Und wenn nicht, gab es zur Motivation so fantasievolle Sachen wie Kielholen, Haie umarmen, Augen ausstechen und noch vieles mehr, was zur Produktivität der Mannschaft beitragen sollte. Gemeinsames Singen war übrigens auch ganz beliebt, besonders vor Kaperungen. Aber meinem Urahn fiel dann irgendwann auf, dass so Lieder wie: »Wir lagen vor Madagaskar und hatten keinen Kapitän mehr an Bord« oder auch »Eine Seefahrt, die ist lustig, auch ohne Kapitän« irgendwie nicht von einem harmonischen Miteinander zeugten. Da herrschte Gesprächsbedarf. Seine Kapitäns-Kollegen lösten solche Probleme in der Regel durch Zunge herausschneiden. Damit bekamen sie das Kommunikationsproblem ganz fix wieder in den Griff. Aber nein, mein Urahn musste da einen anderen Weg wählen. Was nicht nur die Kapitäns-Kollegen verwirrte, sondern auch die Mannschaft. Ich meine, wir kennen das alle, Neuerungen machen erst mal Angst.

Oder wie meine Oma sagte:

>**»Was der Seeräuber nicht kennt,
das frisst er nicht.«**

Michael Snyder versuchte es mit positiver Verstärkung. Beispielsweise nach Verletzungen, wie Arm ab beim Gefecht: »Ach prima, das hat doch auch etwas Gutes! Dann kann die Hand nach einem Diebstahl wenigstens nicht abgeschlagen werden, und Rheuma und Arthritis sind auch kein Problem mehr!« Oder wenn es seit Tagen nix mehr zu Essen an Bord gab: »Ach, Fasten ist doch prima! Bauchfett ist nämlich sehr schädlich und kann im Alter zu schweren Erkrankungen bis hin zu Krebs führen. Außerdem steigt das Risiko für Diabetes!« Dann gab es auch sowas wie einen Mannschaftsrat auf seinem Schiff, der durfte Vorschläge zur Verbesserung machen. Der Vorschlag, den Kapitän zu ersetzen, wurde aber dann doch nicht umgesetzt. Mein Urahn ließ sich dennoch nicht von seinem Weg abbringen, und so gelang ihm eine Art Nebenprodukt seiner Bemühungen. Etwas, von dem wir heute alle noch etwas haben.

Die Moral war irgendwann mal wieder ganz unten, was zum einen an den leeren Schatzschatullen, zum anderen an den leeren Rumfässern lag. Größtenteils war es wohl auch auf die spöttischen Bemerkungen der Seemannskollegen beim letzten Landgang zurückzuführen, die sie als Looser diffamiert hatten. Da halfen keine Lieder mehr und keine

Gesprächskreise. Selbst so lustige Spiele wie Kennzeichenraten führten auf hoher See nicht zu einer Steigerung der Moral und damit zum gewünschten Erfolg.

Mein Urahn hatte allerdings eine Entspannungsmethode aus der Selbsterfahrungsszene für sich entdeckt: Fantasiereisen. Dabei musste sich die Mannschaft komplett aufs Deck legen und die Augen schließen. Der Spielmann ahmte Walgesänge nach und mein Urahn erzählte von sonnigen Inseln und tiefblauem Meer. Bei Flaute und 50 Grad im Schatten hätte er vielleicht auf andere Bilder wie Goldbarren und braungebrannten Hula-Hoop-Tänzerinnen zurückgreifen sollen. Gut, wenn es dann schon mit positiver Suggestion nicht klappte, mussten schwerere Geschütze her. Michael Snyder verschwand in der Kombüse, sprach mit dem Smutje und bestellte die ganze Mannschaft zum Essen. Es wurde aber nicht verraten, was es Leckeres geben sollte. Essen war ja überhaupt schon mal gut, und wenn es dann noch schmeckte, umso besser. Alle Mann versammelten sich also an den Tischen und warteten. Und dann, keiner durfte vorher gucken, lagen glitzernde Goldbarren auf dem Teller. Gut, nicht ganz so groß wie die, die sie kannten, auch das mit der Farbe stimmte nicht so richtig, und normalerweise riechen Goldbarren nicht nach Fisch. Aber mit ein bisschen Fantasie, konnte man die Stäbchen schon für Goldbarren halten. Die Mannschaft war hoch erfreut. Es schmeckte gut und das mit der positiven Motivation klappte auch. Die Vorstellung von Gold war immer schon ein großer Anreiz für ungebildete Seeräuber. Bei der nächsten Kaperung hatten alle noch die Goldstäbchen im Sinn und waren dementsprechend hochmotiviert. Aber was soll ich euch sagen, mit Kapitän Michael Snyder nahm es dann doch kein gutes Ende. Die Kapitäns-Kollegen fanden es nämlich nicht so toll, dass ihre Mannschaften jetzt auch Gesprächskreise wollten oder Goldbarren zum Essen. Und so kam es, wie es kommen musste: Beim nächsten Kick-Off-Meeting der Piraten zum Saisonauftakt erlösten sie meinen Urahn von seinen Kopfschmerzen und sagten, er solle es doch auch mal positiv sehen. Wirklich schade um einen solch klugen Kopf!

Und dann kam auch noch Jahrhunderte später so ein dahergelaufener Wald- und Wiesen-Kapitän mit Namen Iglo daher und brachte die Goldbarren neu auf dem Markt. Mein Urahn hätte sich die damals besser patentieren lassen sollen ...

Jetzt bin ich schon wieder etwas abgeschweift in meinen Erinnerungen, na, dann schweife ich einfach wieder zurück.

Ich hatte also gerade dieses merkwürdige Schild mit der Aufschrift »Zu verkaufen« gesehen und war schon dabei, wieder weiterzugehen – da schießt mir doch der folgende Gedanke durch den Kopf: Es geht um das *Haus!*

Das Haus steht zum Verkauf!

Gott sei Dank verfüge ich über eine ausgezeichnete Kombinationsgabe.

Und was heißt hier jetzt einfach *Haus* – eine romantische, luxuriöse Traumvilla war das! Mit riesengroßem Garten! Und – jetzt kommt das Allerbeste: Ein absolutes Schnäppchen! Ein Superschnäppchen!

Das wurde mir auch von dem Verkäufer persönlich bestätigt. Über 800 Bewerber aus aller Welt würde es schon für das Haus geben, darunter sogar ein milliardenschwerer Ölscheich aus Russland!

Aber von allen Bewerbern würde er es *mir* am allerliebsten verkaufen. Denn dann sei es in guten Händen. Also war der Verkäufer scheinbar auch ein großartiger Menschenkenner.

Ihr habt es bestimmt selbst schon mal erlebt: Wenn die Dinge erst einmal ihren Lauf genommen haben, braucht man selbst fast gar nichts mehr zu seinem Glück dazuzutun. Alles ergibt sich wie von selbst.

So war's auch jetzt. Als wäre es abgesprochen gewesen, stand plötzlich und aus heiterem Himmel ein Notar neben mir und dem Verkäufer. Wenn das also mal kein schicksalhafter Wink mit dem Zaunpfahl war!

Kein Zweifel, ich wurde hier vom Schicksal fast vergewaltigt. Mir blieb natürlich nichts anderes übrig, als noch am selben Tag den Kaufvertrag zu unterschreiben und – jibbie! – die Villa war mir! So viel Glück an einem einzigen Tag. So ein fantastisches, luxuriöses, romantisches Traumhaus zum Schnäppchenpreis! Gut, wie es von innen aussah, wusste ich noch nicht. Das wollte ich mir für später aufheben. Sozusagen als Überraschung! Wobei meine

Freundin Jeannette, mit der ich ja seit Ende Juni wieder zusammen war, meinte, sie hätte es sich lieber gleich von innen angeguckt. Naja, Frauen sind halt tendenziell etwas neugieriger. Man muss das verstehen, das kommt noch durch die Evolution. In Steinzeitzeiten musste die Frau natürlich ganz genau prüfen, wie so eine Höhle von innen ausgestattet war. Und sie musste prüfen, wie viele Spinnen-Arten und Fledermäuse es darin gab. Denn die Höhle musste ja für die Brut geeignet sein.

Jeannette war irgendwie auch ziemlich sauer, weil ich sie vor dem Hauskauf nicht um ihre Meinung gefragt hatte. Das habe ich erst einmal überhaupt nicht verstanden. Sollte sie doch einfach froh sein über alles! Sich einfach mit mir freuen über die Gunst des Schicksals!

Aber dann ist bei mir auf einmal der Groschen gefallen, und ich wusste, wo der Hase bei ihr im Pfeffer begraben lag. Als Hobby-Frauenversteher war mir sofort klar: Sie dachte – jetzt festhalten! – sie dachte, sie könnte *mit mir* in das Haus *einziehen!*

Apropos Frauenversteher. Das mit dem Frauenverstehen war und ist nämlich eine Spezialität des männlichen Zweigs unserer Familie. Ich bin quasi der lebende Beweis dafür. Nehmen wir nur mal die Jeannette als Beispiel. Wenn die so zu mir sagt: »Der Müll müsste auch mal wieder rausgebracht werden«, dann weiß ich ganz intuitiv, sie möchte, dass ich ihr die Tür aufhalte, damit sie unbehelligt zu den Mülltonnen gelangt. Oder wenn sie fragt: »Bin ich eigentlich dicker geworden?«, dann suche ich ihr so-

fort den Weight Watchers Katalog heraus, damit sie nicht selbst herumzukramen braucht. Die Jeannette ist dann meistens sprachlos, wenn sie merkt, dass ich ihre verborgenen Wünsche fast in einem Atemzug erkennen, deuten und erfüllen kann. Da kann sie auch schon mal ein paar Tage sprachlos sein, so sehr beeindruckt sie das. Mir selbst ist das manchmal richtig peinlich, wie schnell ich bei den Frauen der Held bin, aber wie gesagt, das liegt bei unserer Familie in den Genen.

Der Großmeister – man könnte ihn sogar den Obi-Wan Kenobi des Frauenverstehens nennen – ist Gert Michael Schneider, der zweitjüngste Bruder meines Vaters. Ja sicher, mein Vater war in diesen Dingen auch nicht unbegabt, hat es aber nie zu der Perfektion gebracht wie Onkel Michael.

Wenn bei Familienfeiern in alten Erinnerungen gekramt wird, dann werden immer alle ganz wehmütig und sagen: »Ja, der Michel, der hätte mit seinem Talent ein glücklicher Mann sein können.« Das war er dann aber wohl doch nicht. Einige würden jetzt vielleicht sagen: Doch, ganz bestimmt war der glücklicher als viele andere. Aber die kennen einfach nicht seine ganze Geschichte.

Bei Michael lief erst mal alles ganz normal in seinem Leben. Kindheit auf dem Land, Schule, Ausbildung zum Landmaschinen-Gerätetechniker bei Landmaschinen Gerätetechnik Schaller in Ober-Erlenbach, und auch mit den Liebschaften gab es keine Probleme. Seit der Volksschule hatte er immer einen extremen Lauf bei den Mädchen gehabt.

Dann passierte aber etwas, das – bis heute – noch zu heftigen Spekulationen auf Familienfeiern führt. Der Michael hatte sich so richtig mit Haut und Haaren verliebt. Das bekam die Familie bei der Rekonstruktion der Geschehnisse heraus. Auf dem Feuerwehrfest in Köppern hat es damals angefangen und dann nahm das Unglück seinen Lauf. Er soll Sternchen in den Augen gehabt haben, der Michael, und sabberte angeblich sogar aus dem Mundwinkel. All das, was man in solchen Situationen eigentlich vermeiden möchte. Jetzt war der Onkel es ja gewohnt, dass er gar nicht viel zu tun brauchte, um das weibliche Geschlecht anzuziehen, nur diesmal passierte nichts – rein gar nichts. Seine Auserkorene beachtete ihn überhaupt nicht. Sie blieb genauso spröde wie Jeannette, als ich ihr einmal von meinen Kreuzungsversuchen des mehligen Halberstädter Jungfernapfels mit dem bissfesten Bruchenbrücker Zitronenapfel berichtete.

Der Michael versuchte wirklich alles und startete die größte Charme- und Schleimoffensive seit Giaccomo Casanova, aber sie blieb unbeeindruckt. Noch nicht mal ihren Namen erfuhr er, denn es gab keinen auf diesem Feuerwehrball, der sie kannte. Er bekam nur eine Information, und die war auch nur ein Gerücht: Sie sollte als

Kindergärtnerin in Heldenbergen arbeiten. Da es ihm nicht gelang, seine Angebetete außerhalb des Kindergartens anzusprechen, ersann er eine List. Es war schon eine ganz schön drastische Maßnahme ... Er war halt verknallt bis über beide Ohrläppchen!

Rückblickend hätte man es ja ahnen können, wird immer wieder auf Familienfeiern erzählt. Spätestens als er sich bei Tante Gertrud Stöckelschuhe und BH ausleihen wollte, und das im August, wo doch Fastnacht schon lange vorbei war.

Auch als er seinen Job kündigte, hätte man eigentlich hellhörig werden sollen. Aber nun gut, es ist immer einfach, im Nachhinein alles besser zu wissen. Auch als dann in der Wohnung vom Michael plötzlich immer eine Frau ein und aus ging, aber man von ihm nichts mehr sah, hätte man eigentlich ... Egal!

Auf alle Fälle hatte der Michael irgendwann die großartige Idee, aus dem Michael eine Michaela zu machen und sich auf die freie Stelle im Kindergarten von Heldenbergen zu bewerben. Das Bewerbungsfoto aus dieser Zeit ist erhalten geblieben.

Wie genau weiß man nicht, aber der Michael bekam die Stelle und arbeitete mit seiner Angehimmelten zusammen. Ach, das funktionierte prächtig! Die Gudrun, so hieß sie, war ganz begeistert von ihrer neuen Kollegin Michaela. Mit der konnte man über alles reden: Menstruationsprobleme und Diäten, Liebesfilme und Hundewelpen.

Die beiden wurden beste Freundinnen. Mehr aber auch nicht.

Warum die Michaela plötzlich den Kontakt aufgab und kündigte, nachdem die Gudrun ihr erzählt hatte, dass sie sich in die Sportlehrerin Frau Sybille Steinbach verliebt hätte, das konnte die Gudrun nie so richtig nachvollziehen. Gudrun und Sybille sind schließlich irgendwann zusammengezogen. Von der Michaela beziehungsweise vom Michael hörte dann auch die Familie lange nichts mehr. Erst nach ein paar Jahren kam plötzlich ein Brief aus Los Angeles. Michael hatte seine Geschichte einem Drehbuchautor erzählt, der sein Leben verfilmen wollte. Na ja, vielleicht nicht ganz originalgetreu, aber inspiriert soll der Michael ihn haben. Bis es soweit war, dauerte es zwar noch ein bisschen, aber dann sah man plötzlich überall Plakate von Robin Williams in Frauenkleidern. Da ist natürlich die ganze Familie zusammen ins Kino gegangen. Aber diese Mrs. Doubtfire hätte eigentlich Frau Schneider heißen müssen. Und es war schon schade, dass nicht an den hessischen Originalschauplätzen gedreht wurde ...

DAS THEMA ZUSAMMENZIEHEN UND ANDERE HEIßE EISEN, AN DENEN SICH DER MANN DIE FINGER VERBRENNEN KANN ...

Irgendwann im Laufe einer Beziehung kommt unweiger-
lich der Tag, an dem der Mann erkennt, dass er früher
oder später seine – räumliche – Freiheit einbüßen wird.
Kaum ein Mann kommt im Laufe seines Lebens an dem
Thema Zusammenziehen vorbei.

Ich persönlich bin in dieser Frage eigentlich sehr tolerant und offen, ja, sogar kooperativ. Aber trotzdem spielt
für mich der Zeitfaktor eine ganz wichtige Rolle. Hier
meine ich nicht die Zeit, die man pro Tag zusammen in
einem Haus verbringt. Nee, ich meine die Zeit, die es
braucht, um mich so weit kennenzulernen, bis das Risiko
groß genug ist, mit mir zusammenzuziehen. Jeannette und
ich kannten uns bis dato gerade einmal fünfzehn Jahre.
Dabei muss man freilich insgesamt dreißig Monate abzie-
hen, in denen wir getrennt waren, also bleiben gerade einmal zwölfeinhalb Jahre übrig. Sie hat in dieser Zeit auch
schon öfters bei mir übernachtet. Manchmal sogar monatelang hintereinander. Aber es ist halt schon etwas anderes,
ob man für drei Monate Besuch hat von einer netten Frau
oder ob sie zu einem zieht. Das Letztere ist psychisch gesehen eine viel schwerere Belastung.

Allein schon der Dauerbesuch einer Frau kann für den
Mann zu einer nervlichen Zerreißprobe werden, da hier
schon heftige Auseinandersetzungen drohen.

So dauerte es in unserem Fall keine zehn Jahre, bis Jeannette das erste Mal offen und unverhohlen Kritik an mir äußerte. Ihre Kritik ging sogar bis ins Schlafzimmer! In diesem Zusammenhang sind wir Männer ja besonders empfindlich. Und zwar hatte sie plötzlich eine unglaubliche Forderung an mich. Obwohl sie ja immer nach wie vor nur »zu Besuch« bei mir war! Und zwar verlangte sie – jetzt wieder festhalten! –, dass ich mir einen neuen Schlafanzug kaufen und den alten wegschmeißen solle!

Unfassbar, oder?!

Man kann sehr viel von mir verlangen. Ich mache wirklich fast alles für meine Freunde. Und vor allem für meine Freundin natürlich! Sie kann so gut wie alles von mir wollen. Aber meinen *Schlafanzug* – da bin ich drin groß geworden! Der hat mich durch die wichtigsten Phasen meines Lebens begleitet. Mit ihm verbinde ich meine Pubertät, meine Konfirmation und meine Zeit im evangelischen Posaunenchor als Bassposaunist! Mit ihm überschritt ich die Schwelle vom Jüngling zum erwachsenen Mann. Also kann ich ihn doch nicht von heute auf morgen wegwerfen! Außerdem finde ich, ein hellblauer Frotteeschlafanzug ist zeitlos. Den kann man auch noch mit Siebzig tragen. Meint ihr nicht? Na ja, über das Kätzchen, das Entchen und das Bärchen vorne auf dem Oberteil kann man diskutieren. Wobei sich das sowieso irgendwann ganz von selbst herausgewaschen hätte. Außerdem ist dieser Schlafanzug so sexy, wie es bestimmt kein anderer Nachfolgeschlafanzug sein könnte, weil er mir nämlich eigentlich schon viel zu klein ist. Deshalb ist er hauteng, meine nackten Waden gucken zur Hälfte raus und die muskulösen Oberschenkel bilden sich deutlich unter dem Stoff ab – das haut normalerweise jede Frau um!

Mit dem hellblauen Teil verbinde ich auch ein ganz wichtiges Ereignis aus meiner Jugend, meine allererste große Liebe. Damals, mit vierzehn, ging ich in die siebte Schulklasse und war total verschossen in die goldige Katja. Wie aber spricht man als hoffnungslos schüchterner Junge das hübscheste Mädchen der Welt – na ja, wenigstens von Burgholzhausen – an?

Sie direkt ansprechen, das konnte ich knicken. Irgendetwas musste ich mir einfallen lassen, um sie zu beeindrucken, ohne direkt auf sie zugehen zu müssen. Da kam mir die ultimative Idee: Auf der nächsten Klassenparty trage ich einen Sketch vor! Einen total lustigen Sketch, mit dem meine Tante Hildegard seit Jahren auf allen Geburtstagsfeiern abräumt! Damit krieg ich jede, vor allem die kleine, süße, goldige Katja!!

Endlich war es dann so weit: Ich stand vor meinem ersten Auftritt als »Stand-up-Start-Upper« – und schiss mir vor Angst in die Hose! Plötzlich überkamen mich die furchtbarsten, alptraumhaftesten Fantasien: Was, wenn ich da vorne im Klassenraum vor allen anderen steh' und bring' vor lauter Angst keinen einzigen Ton heraus? Vielleicht fall' ich vor Panik in Ohnmacht? Und knall' mit dem Kopf auf den harten Steinfußboden! Dann muss der Notarzt kommen! Vielleicht sogar der Rettungshubschrauber! Und was, wenn der nicht landen kann auf dem kleinen Schulhof? Am Ende fliegt er wieder weg! Und ich muss sterben! Wörscht Käs!

Alle wollten jetzt unbedingt, dass ich den blöden Sketch vortrage, aber mir war einfach nur schlecht. Bis dann eine zu mir kommt, mich einfach an die Hand nimmt und nach vorne zieht – die goldige Katja!

Das war natürlich ein enormer Motivations-Kick und alle Bauchschmerzen lösten sich in einem inneren Freudentaumel auf! Habt ihr das auch schon erlebt? Wenn man total verliebt ist, hat man vor nix und niemand mehr Angst! Deshalb ist die Liebe eigentlich lebensgefährlich und grenzt manchmal an Selbstmord. Ein Wunder, dass sie nicht schon längst verboten ist, bei dem riesigen Versicherungsschaden, den sie jährlich verursacht. In meinem Falle hab ich allerdings sehr von dem Verliebtsein profitiert, indem ich über mich hinausgewachsen bin und mich getraut habe, den Sketch meiner Tante zu spielen. Die Klasse lag am Boden vor Lachen, vor allem, weil ich gerade in den Stimmbruch gekommen war und mich wie ein Ziegenbock anhörte. Jedenfalls war ich erfolgreicher als meine Tante Hildegard, die konnte jetzt einpacken!

Aber auf was wollte ich eigentlich noch mal hinaus? Ach ja, genau:

Gegen Ende des Schuljahres ging es auf Klassenfahrt nach Österreich. Und – jetzt kommt's! – während dieser Reise durfte ich als Einziger von den Jungs abends zu den Mädchen ins Schlafzimmer. Einzige Bedingung war, dass ich für sie fünfmal hintereinander den Sketch von Tante Hildegard spiele. In meinem hellblauen Frottee-Schlafanzug!

Meine Klassenkameraden von damals sind heute noch neidisch auf mich.

Dies also noch mal zur historischen Einordnung meines Schlafanzugs, der von Jeannette so bitterbös bekämpft und kritisiert wurde.

Von meinem besten Freund Hans Jörg und anderen guten Freunden und Bekannten weiß ich, dass die Kritikpunkte, die Frauen an ihren Partnern haben, sich in den meisten Beziehungen stark ähneln. Hier ist es sehr interessant, dass so manch knallharter Vorwurf in eine scheinbar harmlose Frage verpackt wird. Zum Beispiel in eine Frage wie: *»Musst du so viel trinken?«* Wenn der Mann dann grundehrlich zur Antwort gibt: *»Ja! Heut schmeckt mir das Bier ganz besonders leggär!«*, dann merkt er meistens viel zu spät, dass er mit seiner offenen Antwort in eine böse Falle getappt ist.

Jeannette fragte mich im Zusammenhang mit dem hellblauen Frotteeschlafanzug: *»Findest du den männlich?«* Im ersten Moment wollte ich ihr ganz direkt meine ehrliche Meinung dazu sagen, bis mir schlagartig klar wurde: Fangfrage! Ich war mir hundertprozentig sicher, dass sie mit ihrer Frage nur ausdrücken wollte: Dein Schlafanzug ist total unerotisch! Jetzt hätte ich mir natürlich überlegen können, mir vielleicht einen anderen Frotteeschlafanzug zuzulegen. Mir die Frage stellen können, welchen Frottee-schlafanzug findet sie denn sexy, wenn nicht dieses haut-enge Unikat? Vielleicht einen schwarzen Lederfrottee-schlafanzug? Mit Totenkopf darauf? Aber ich habe mich dazu entschieden, erst mal keinen neuen zu kaufen. Hans Jörg hat mich darin bestärkt, er meinte: *»Mach das nicht. Du kennst doch den alten Witz: Erst will eine Frau ihren Mann verändern, dann modelt sie so lange an ihm herum, bis sie schließlich zu ihm sagt: ›Du bist auch nicht mehr der, der du mal warst!‹«*

Mit Anfang 20 war ich nicht mehr ganz so schüch-tern wie mit 14, aber im Umgang mit Frauen noch sehr viel unsicherer als heute. Da hab ich fast alles gemacht, um einer Frau zu gefallen. Dazu kann ich euch auch eine kleine Geschichte erzählen.

Bevor ich Jeannette kennengelernt habe, war ich in die Silvie verliebt. Die war der heißeste Kracher im gesam-ten Großraum Burgholzhausen. Ihre schwarzen Augen, ihre kastanienbraunen Haare und ihr feuriges Tempera-ment hatte sie von ihrer spanischen Mutter geerbt. Ich lud sie einmal zu einem Picknick in ein Vogelschutzge-biet am Erlenbach ein, um ihr das Balz- und Brutverhal-ten der Mönchsgrasmücke zu erklären. Dabei verletzte sie sich mit ihrem Fuß in einer Brombeerhecke. Als ich das Blut an ihren Waden sah, wurde mir schlecht und ich fiel in eine kurze Ohnmacht.

»Na, du bist vielleicht ein Waschlappen«, sagte sie zu mir. *»In Spanien würde man sich über so jemanden totlachen!*

Was würdest du denn machen, wenn man dich in eine Stier-
kampfarena schicken würde?«

»Findest du Stierkämpfer toll?«

»Klar! Das sind wenigstens echte Männer!«

Das war jetzt natürlich ein Wink mit dem Zaunpfahl.
Ein unüberhörbarer Weckruf. Ein Appell an meine Männlichkeit. Schon bei anderen Gelegenheiten hatte mir die
Silvie gezeigt, dass sie mich als Mann nicht wirklich ernst
nahm. Auf ihrer Geburtstagsparty zwei Wochen zuvor
hatte ich mich beim Tequila-Trinken blamiert. Sie erklärte
mir, wie man das macht: *»Du musst Salz auf deine Hand*
streuen, ablecken und dazu den Tequila!« Ich streute mir
Salz auf die Hand, schüttete den Schnaps darüber und
leckte mir beides von der Pfote.

Mir war also klar: Wenn ich ihr jetzt keinen Beweis
für meine Männlichkeit liefere, bin ich bei ihr endgültig
unten durch.

»Du traust mir bestimmt nicht zu, dass ich gegen einen
Stier kämpfe, gelle?«

Als ich sie das fragte, konnte sie sich vor Lachen nicht
mehr halten: *»Noch nicht mal gegen ein Meerschweinchen!«*

Das stachelte mich allerdings nur noch mehr an, mich
in das bis dahin kühnste Abenteuer meines Lebens zu stürzen.

Ich kaufte mir Wörterbücher und Übungskassetten und
begann damit, Spanisch zu lernen. Tatsächlich spürte ich
schon beim Sprechen der spanischen Wörter eine Ver-
wandlung. Der gemütliche Hesse klang auf einmal wie ein

feuriger spanischer Macho: »Me llamo Martin. El Torero famoso da Burgholzhausen!«

Mein nächstes Ziel war, mich zu einem Stierkämpfer auszubilden. Dummerweise hat der Stierkampf in meiner hessischen Heimat aber nicht so eine große Tradition wie zum Beispiel das Kaninchenzüchten oder Sackhüpfen. Ich konnte weder einen Bauern noch einen Metzger finden, der mir die Grundlagen des Stierkampfes vermitteln konnte. Die friedlich grasenden Kühe auf den Weiden ließen sich von mir nicht aus der Ruhe bringen, wenn ich mit meinem roten Badehandtuch vor ihnen hin und her wedelte. Auch jenseits der hessischen Grenze, im tiefsten Bayern, konnte ich keinen zertifizierten Stierkampflehrer ausfindig machen. *Schuhplatteln* und *Fingerhakeln* sind hier schon der allerhöchste Ausdruck von Männlichkeit. Aber damit lässt sich keine Spanierin sonderlich beeindrucken. Es blieb mir also nichts anderes übrig, als im Mutterland der Toreros eine Stierkampfschule aufzusuchen.

So fuhr ich Anfang Oktober mit dem Zug nach Andalusien. Obwohl ich schon den Spanisch-Grundkurs 1 und 2 bewältigt hatte und meiner Meinung nach fließend Spanisch sprechen konnte, verstand ich bei meiner Ankunft in Málaga kein Wort. Ich dachte schon, ich wäre versehentlich in Albanien gelandet, was ja so ähnlich klingt wie Spanien. Die Erklärung war aber, dass die echten Spanier mindestens zehnmal so schnell spanisch sprechen wie ich. So schnell konnte ich also gar nicht hinhören, wie die geredet haben. Trotzdem habe ich über das Fremdenverkehrsamt in Erfahrung gebracht, wo ich Torero-Unterricht bekommen kann. Alonso Martinez gab sozusagen Crashkurse für Touristen, die sich einmal im Leben in einer echten Stierkampfarena als Torero fühlen wollten.

Man sagte mir, ich bräuchte keine Angst haben, denn der Stier wäre nur wenige Monate alt und noch nicht wirklich gefährlich. Da war ich schon etwas enttäuscht und sagte, dass ich aber Angst haben will und dass der Stier schon erwachsen sein sollte – zumindest für das Beweisfoto, das ich ja für Silvie brauchte.

Am ersten Unterrichtstag gab es nur Trockenübungen ohne Stier. Alonso brachte mir bei, wie ich den Stier mit dem roten Tuch anlocken und dann im letzten Augenblick an mir vorbei dirigieren konnte. Auch das schöne Foto mit meinem stolzen, fast spanischen Gesichtsausdruck entstand an diesem Tag.

Am zweiten Tag sollte dann der Stier zum ersten Mal zu dem Nachwuchs-Torero aus Hessen in die kleine Probearena gelassen werden. Vor lauter Aufregung tat ich die Nacht über kein Auge zu und am nächsten Morgen kam ich in meinem Hotel nicht mehr vom Klo runter. Jeder Schritt außerhalb der Toilette war ein nicht einschätzbares Risiko. Aber irgendwann musste ich es wagen, schließlich konnte man den Stier ja nicht zu mir auf die Toilette treiben. Zur Sicherheit die Hose noch mit mehreren Handtüchern ausgestopft, bin ich dann mit dem Taxi zur Arena, wo mich mein Lehrer schon ungeduldig erwartete.

Ich sagte ihm, dass ich es mir noch mal mit dem Stier überlegt habe; ich würde jetzt doch auch mit einem kleineren vorliebnehmen. Am besten wäre erst mal ein süßer, kleiner Babystier. Alonso lachte nur und schlug mir Mut machend auf die Schulter. So schnell konnte ich gar nicht gucken, da wurde auch schon das Tor aufgerissen und ein Stier kam wutschnaubend in die Arena geprescht. Sein Alter konnte ich nicht einschätzen, aber eines war mir sofort klar: Das ist der größte und gefährlichste Stier der Welt!

Als erste Reaktion versuchte ich, in freundschaftlichen Kontakt mit ihm zu treten, und warf ihm zur Begrüßung ein freundliches »*Hallööösche!*« zu.

Um meine friedlichen Absichten zu betonen, winkte ich ihm dann auch noch freundlich mit dem roten Tuch zu. Was ich aber nicht hätte tun sollen. Das Winken nahm der Stier zum Anlass, in einem unglaublichen Tempo direkt auf mich zuzurennnen!

Laut »*Hilfe! Hilfe!*« rufend nahm ich meine Beine in die Hand und sprang mit einem Riesensatz über die Brettereinzäunung der Arena.

Vielleicht habt ihr euch auch schon mal gefragt, warum man sich in bedrohlichen Situationen vor Angst manchmal regelrecht in die Hose macht. Die Natur hat das absichtlich bei Säugetieren eingerichtet, zu denen ja auch wir Hessen gehören. Der Sinn liegt nämlich darin, dass man nach dieser Form der Erleichterung einen leichten Vorteil beim Wegrennen hat. Im Notfall zählt halt jedes Gramm an Körpergewicht, das wir unnützerweise mit uns rumtragen. Jedenfalls war ich bei meiner Flucht aus der Arena aus diesem Grunde wohl einen Hauch schneller als der Stier…

Im Falle von Jeannette bin ich nicht auf ihre Kritik an meinen angeblich unmännlichen Schlafanzug eingegangen. Die Erfahrung mit Silvie hatte mir ja gezeigt, wie man Schiffbruch erleiden kann, wenn man zu sehr in das Wunschbild einer Frau passen will.

An diesem einen Punkt sieht man, welch schwere, auf den ersten Blick fast unlösbare Konflikte entstehen können, noch bevor man wirklich und offiziell zusammenzieht. Jetzt stelle man sich vor, über was alles gestritten werden könnte, wenn die Frau nicht mehr nur als Gast in die Wohnung des Mannes käme. Sondern – als seine Mitbewohnerin!

Jetzt schien es mir also, dass Jeannette die Gelegenheit nutzen wollte und mit mir in das neue Haus einziehen. Wie konnte ich dieses Thema ansprechen, ohne dabei auf eine hochexplosive Mine zu treten? In einer solch haarigen Situation ist es extrem wichtig, welches Wort ein Mann in den Mund nimmt. Jede falsche Bemerkung wäre verkehrt, könnte jahrelang aufgestautes Vertrauen zerstören! Deshalb gab es für mich nur eine einzige Möglichkeit, wie ich als Frauenversteher darauf reagieren konnte. Nur eine einzige, wirkliche saubere Lösung – nur ist sie mir leider in diesem Moment nicht eingefallen.

So habe ich beschlossen, die Sache erst einmal gar nicht anzusprechen.

VON WASSER, DAS DIE WÄNDE HOCHGEHT, UND ANDEREN UNGEHEUERLICHKEITEN

Anstatt mit Jeannette zu sprechen, habe ich mir erst einmal das Haus von innen angeschaut. Ein wenig neugierig war ich ja schon, ob es mich auch von innen an Pippi Langstrumpf erinnern würde. Und tatsächlich entdeckte ich gleich etwas, das mich emotional mit meiner großen Kindheitsliebe verband! Pippi hatte ja einen Schimmel bei sich wohnen, der hieß Kleiner Onkel.

Zwar stand nun hier kein Schimmel im Flur, dafür fand ich aber welchen auf den Wänden! Gleichzeitig erinnerte mich das auch an meine Oma, sie hatte nämlich öfters mal Schimmel auf ihrer Erdbeermarmelade. Also war ich in diesem Augenblick emotional sehr gerührt und mir wurde ganz warm ums Herz.

Wahrscheinlich, dachte ich, hat in diesem Haus zuletzt auch eine Oma gewohnt, die bestimmt auch viel Erdbeermarmelade gekocht hatte. Und klar – wie's halt so ist, eine von den Marmeladen wurde vielleicht schimmelig, vielleicht ist das Glas aufgesprungen, dann ist der Schimmel auf die Wand übergegangen und hat sich vermehrt und, na wie auch immer – ich bin ja kein Chefchemiker ... Der Verkäufer, dem ich das später erzählt habe, meinte allerdings, der Schimmel habe nichts mit irgendwelcher Marmelade zu tun. Der käme angeblich von dem Wasser, das im Keller gestanden hätte und dann die Wand hinaufgegangen wäre! Da hab ich dann erst mal gedacht: Was will der mir erzählen? Wasser, das die Wand »hochgeht«?? Das klingt ja wie ein Fall aus der Bibel, ha ha ha!

Am nächsten Tag bin ich in den nächstgelegenen Baumarkt und habe eine freundliche, orangefarbene Tapete gekauft und sie auf die betroffenen Wände geklebt. Danach war von dem Schimmel rein gar nichts mehr zu sehen, nicht die Bohne! Aber – ob ihr es glaubt, oder nicht –, keine zwei Wochen später kam der alte Schimmel wieder durch die neue Tapete hindurch durch! Ich schwör's! Vielleicht, dachte ich, muss ich eine dickere Tapete besorgen. Also habe ich den Verkäufer in meinem Baumarkt nach einer schimmelfesten Tapete gefragt. Die war zwar etwas teurer, aber es hat immerhin drei Wochen gedauert, bis der Schimmel wieder durchgekommen ist. *»Hut ab vor diesem Schimmel!«*, sagte ich mir. *»Da hab ich wirklich keinen billigen Mistschimmel!«* Und – vielleicht ist es ja sogar eine von den guten Schimmelsorten?! Zum Beispiel den Schimmel im Gorgonzolakäse, den kann man sogar essen! Aber da hat sich Jeannette wieder eingemischt und gesagt, den hier im Haus könne man absolut nicht essen, den sollte man sogar noch nicht einmal einatmen!

Na, das wäre ja was, wenn ich nicht mehr einatmen könnte, ich kann doch nicht nur ständig ausatmen. Soll ich denn immer extra zum Luftholen vor die Haustür gehen? Aber Gott sei Dank gab es noch andere, viel größere Probleme, die mich von dem albernen Schimmelthema abgelenkt haben. So zeigte sich, dass das Dach nur bei Trockenheit wasserdicht war. Bei Regen hingegen tropfte es an zahlreichen Stellen romantisch von der Decke herab. Bei genauem Hinsehen konnte man außerdem von außen einen großen Riss ausmachen, der sich quer über die hintere Hauswand zog.

Hatte das irgendetwas zu bedeuten? Nachdem ich einmal im ersten Stock ganz unvorhergesehen mit meinem rechten Fuß in der Decke eingebrochen war und dabei fast in der Küche aufgeschlagen wäre, war mein Vertrauen in die Stabilität des Gebäudes ein wenig erschüttert. Als ich dann noch feststellen musste, dass die Haustürklingel offensichtlich einen Wackelkontakt hatte, sagte ich mir: »*Maddin, jetzt nimmst du dir doch besser einen Architekten zu Hilfe!*« Aber welchen nimmt man da? Aus jahrelanger Erfahrung kann ich sagen, dass man immer gut damit beraten ist, wenn man nie die erstbeste Firma nimmt. Egal ob bei Handwerkern oder anderen Dienstleistern, man sollte nur jemanden *auf Empfehlung* nehmen. Übrigens wurde mir meine Freundin Jeannette damals auch von meinem ehemaligen Posaunenchorleiter empfohlen. Verliebt habe ich mich später aber ohne seine Unterstützung in sie. Ein besseres Beispiel: Mein bester Freund Hans Jörg hat mir vor 18 Jahren den Alfonso empfohlen. Und der ist heute noch mein Lieblingsitaliener! Der Alfonso empfiehlt mir seit 18 Jahren immer die 17 (= Spaghetti Arrabbiata).

Und wirklich, die 17 schmeckt heute noch genauso wie vor 18 Jahren! Also jetzt nicht besonders gut, aber auch nicht schlecht. Man weiß halt, was man kriegt. Natürlich kann ich das jetzt nicht auf die Jeannette übertragen. Den Alfonso liebe ich ja nicht. Und ich bezahle ihn, Jeannette natürlich nicht. Jedenfalls hab ich mir dann einen Architekten empfehlen lassen. Vom Alfonso ...

DIE KATASTROPHE RÜCKT NÄHER – EIN SCHOCK AUF EMPFEHLUNG

Luigi, der mir empfohlene Architekt, war ein Cousin von Alfonso – beziehungsweise einer von seinen 23 Cousins. (Wobei die Italiener gewöhnlich auch immer ihre zweit- und drittgradigen und -klassigen Cousins mitzählen.) Zwar hatte Luigi keinen Studienabschluss, verdiente aber, laut Alfonso, die Bezeichnung *Stararchitekt*.

Trotz seiner Berühmtheit bot er mir an, einen Teil der Arbeit für mich schwarz abzurechnen. Für genau dieselbe Summe, die ein normaler Architekt auch verlangt und genommen hätte! Da konnte ich natürlich nicht Nein sagen. Luigi besorgte sämtliche Handwerker, die für die Renovierungsarbeiten gebraucht wurden. Sie alle waren selbstverständlich Alfonsos Cousins.

Zu Beginn machte mir Luigi einen Kosten-Voranschlag. Das ist sozusagen ein Anschlag auf's Portemonnaie. Aber das Praktische daran ist, man weiß vorher genau, wie arm

man hinterher sein wird. Meine Strategie war, mich am Anfang so wenig wie möglich auf der Baustelle sehen zu lassen.
Denn ich wollte die Handwerker so wenig wie möglich stören oder ablenken. Schließlich kostete ja jede Minute ihrer
Arbeit mein Geld. Ein Mal pro Tag kam meist der Architekt zu mir und fragte mich, ob er den Handwerkern einen
Kasten Bier von mir spendieren könne. Klar, meinte ich,
wenn es der Bauherr zahlt, soll es mir recht sein.

Als eines Tages die Rechnungen genauso hoch waren,
wie der Kosten-Voranschlag, nahm ich dies als Signal: Jetzt
sind wohl alle Arbeiten beendet. Das heißt, ich kann einziehen! Juchuuh!!

Das kam mir auch sehr gelegen, weil mein Vermieter mich
drängte, endlich aus meiner alten Wohnung auszuziehen.
Ein Umzugswagen war schnell organisiert, ich räumte
einen Teil der Möbel aus und fuhr an einem sonnigen
Mittwochmorgen mit dem Möbeltransporter an meiner
neuen Traumvilla vor.

Doch dieser Mittwoch sollte für mich als schwarzer
Montag in die Geschichte eingehen …

Als ich die Baustelle betrat, traute ich meinen Augen
nicht. Ich werde diese Bilder meinen Lebtag nicht vergessen – Bilder, die man nur aus Erdbebengebieten kennt!
Aber ein Erdbeben hatte es gar nicht gewesen sein können, den anderen Häusern drum herum war nämlich
überhaupt nichts passiert. Und es gibt ja schließlich keine
Ein-Haus-Beben.

Welch verheerender Anblick! Das halbe Dach war weg – geklaut? In den Wänden riesige Löcher – ein Terroranschlag? Die Fenster fehlten, eigentlich hätten sie erneuert werden sollen. Mir ist erst einmal alles aus dem Gesicht gefallen.

Luigi, der Architekt, erklärte mir am Telefon, warum alles jetzt so aussah.

Er sagte wörtlich: *»Das liegt alles nur an der Bausubstanz«.*

»Gott sei Dank!«, sagte ich dann beruhigt, *»da fällt mir ja ein Stein vom Herzen! Ich hab schon gedacht, mit dem Haus wäre etwas nicht in Ordnung!«*

Dann erklärte er mir, dass die Firma, die die Fenster liefern sollte, und auch schon das Geld dafür bekommen hätte, leider doch nicht die Fenster liefern konnte, weil sie zuerst Lieferprobleme, dann Ferien gehabt und danach Insolvenz angemeldet hätten. Daher stünde der Liefertermin für die Fenster noch nicht ganz genau fest. Aber er kannte eine andere Firma, die bestimmt auf jeden Fall die Fenster noch vor Weihnachten liefern könnte. Daraufhin meinte ich, dass dann doch die erste Firma, die das Geld für die Fenster erhalten, die Fenster aber nicht hatte liefern können, der zweiten Firma, die noch kein Geld bekommen hat, das Geld für die Fenster geben könnte. Dann könnte die zweite Fensterfirma, die keine Fensterlieferprobleme hat, mir doch die Fenster direkt liefern. Aber Luigi sagte dann, dass die erste Firma leider das Geld nicht mehr hätte. Irgendwie hätte das etwas mit der Insolvenz zu tun.

Da ist mir plötzlich gedämmert, dass man mir hier lauter Märchen erzählen will. Ich bin ja schließlich nicht von Dummbach! Erst erzählen die mir etwas von Wasser, das die Wände hochgeht, und jetzt so etwas! Von wegen Insolvenz!

Die sind *pleite* gegangen – so war's!! Natürlich musste Luigi dann zugeben, dass ich recht hatte. Also sagte ich zu Luigi: »*Ich stehe jetzt mit dem Umzugswagen voller Möbel vor der Villa, in den Wänden sind riesengroße Löcher, das halbe Dach fehlt, keine Fenster drin – ich kann mir nur ganz schwer vorstellen, dass die Handwerker bis heute Abend fertig sind!*« Und tatsächlich musste Luigi zugeben, dass er mir nicht garantieren könne, dass die Arbeiter bis heute Abend fertig wären. Aber in zwei bis drei Monaten könnten sie es vielleicht schaffen – wenn alles gut läuft!

Drei Monate???! Ich stand kurz vor einem Herzinfarkt-Burn-out-Nervens-Sofort-Zusammenbruch!

»*Drei Monate? Der Kostenvoranschlag ist doch schon erfüllt! Und mein Portemonnaie längst leer! Schaffen die Cousins denn ab jetzt umsonst?*« »*Nein, die werden mit Sicherheit noch mehr Geld haben wollen.*«

Ich kann wirklich nur von Glück sagen, dass ich in solchen Situationen immer sehr schnell zwei und zwei zusammenzählen kann. Mir war also sofort klar: Hier gibt es ein Problem! Und bevor mir jetzt das Haus ganz aus dem Ruder läuft, nehme ich den Hammer einfach selbst in die Hand! Oder wie der Hans Jörg immer sagt: Besser dübeln als grübeln.

WIE MAN SEIN UNGLÜCK SELBST IN
DIE HAND NIMMT

Luigi wies ich an, seine Handwerker abzuziehen. Die Restarbeiten wollte ich dann keinem anderen mehr überlassen als mir selbst. Was sollte daran auch so schwierig sein? Früher haben die Menschen immer ihre Häuser selbst gebaut. Ohne Architekt, Kostenvoranschlag und das ganze Gedöns.

Als Erstes wollte ich mich dem Fliesenlegen widmen. Sollte mir ja eigentlich nicht so schwerfallen, dachte ich. Ich hab doch schon als Kind so gerne gepuzzelt! Riesenpuzzles mit bis zu 100.000 Teilen! Oder waren es 10.000? Oder 1.000? Mmh, vielleicht doch 100? Mir kam es damals jedenfalls vor wie eine Million. Mein Lieblingspuzzle von Pippi Langstrumpf müsste in einem der Umzugskartons sein. Schade eigentlich, dass es nur 180 x 120 Zentimeter groß war. Sonst hätte ich mir nämlich einfach die Fliesen sparen und den Fußboden in der Küche zupuzzeln können! Wobei das bestimmt Ärger mit Jeannette gegeben hätte. Sie wird sehr schnell eifersüchtig, sogar auf Pippi Langstrumpf.

Mein Glück im Unglück: In dem Baumarkt um die Ecke gab es stark reduzierte Fliesen, die scheinbar sonst niemand wollte. Obwohl sie eine wunderschöne Farbe hatten, ein leuchtendes, überaus freundliches lila. Passend zu meinem grünen Kühlschrank. Der Baumarktverkäufer gab mir auch noch wertvolle Tipps zum Verlegen. So hab ich mich also gleich ans Werk gemacht und gefliest wie ein Weltmeister. Es ging mir erstaunlich gut von der Hand. Allerdings hatte ich nicht damit gerechnet, dass ich 74 (!) Tuben Uhu verbrauchen würde! Nach zwei Tagen konnte ich am nächsten Morgen schon mein vollendetes Fliesenwerk betrachten, und ein Gefühl von Stolz erfüllte meine Brust. Wobei ich zugeben muss, dass mir da jemand auf eine ganz spektakuläre Weise geholfen hat. Dazu kommen wir aber später noch.

Jetzt stellte sich erst mal die Frage, wie ich jetzt die geplante Fußbodenheizung unter die Fliesen kriege, ohne das Werk wieder zu zerstören? Aber ich hatte ja sowieso kein Geld mehr für so einen modernen Firlefanz. Die alte Küchenhexe von Oma würde für eine viel gemütlichere Wärme sorgen! Als Nächstes nahm ich mir die Dusche vor, die ja wieder in die Küche sollte. Als ich gerade dabei war, die Duschtasse neben der Spüle unten an den Sockel dran zu mörteln, stand auf einmal die Jeannette neben mir. Zuerst meinte ich, ein Freudenschrei kam aus ihrem Mund. Doch hielt sich ihre Begeisterung eher in Grenzen.

Warum ich auf die Idee gekommen wäre, die Dusche in der Küche einzubauen?

»Ei, die war doch immer schon in der Küche! Seit 15 Jahren!«, sagte ich.

»Das ist doch totaler Unsinn! Niemand baut heute mehr die Dusche in die Küche! Die hat jetzt jeder im Badezimmer!«, antwortete sie.

»*Nur weil es gerade einmal Mode ist, die Dusche ins Badezimmer einzubauen, muss ich nicht gleich jeden Blödsinn mitmachen!*«, konterte ich. Aber sie zeigte überhaupt kein Verständnis für meine sachlichen Argumente.

Dann fragte ich sie: »*Weißt du denn überhaupt, warum die Duschtasse Duschtasse heißt? Weil sie dahin gehört, wo die anderen Tassen auch sind – in die Küche!*«

Aber sie war einfach nicht mit logischen Argumenten zu überzeugen. Sie sagte: »*Wahrscheinlich willst du auch wieder die Wäscheleine vom Gewürzregal an den Kühlschrank spannen?!*«

Worauf ich antwortete: »*Ja, ich weiß auch schon, wie!*«

Das brachte sie dann zum Überlaufen: »*Du hinterwäldlerischer Eigenbrötler! Lebst ja total hinterm Mond!*« Und anschließend packte sie noch einige andere Schimpfwörter aus, die ich vorher noch nie gehört hatte, und brachte schließlich auch das von mir als Mann so gefürchtete Thema mit dem Zusammenziehen aufs Trapez:

»*Hast du noch nie darüber nachgedacht, mit mir zusammen in einer Wohnung zu leben?*«

»*In einer Wohnung vielleicht schon, aber doch nicht gleich in einem ganzen Haus …!*«

Und als ob ich da irgendwas Verkehrtes gesagt hätte, rannte sie weg und schlug zornig die Türe hinter sich zu. Und das alles, ohne mein tolles Fliesenwerk zu loben. Kurze Zeit später aber riss sie noch einmal die Tür auf und schrie: »*Trennung!*« Und verschwand wieder.

Wie? Trennung? Das konnte doch nicht sein?! Nein, das konnte ich einfach nicht glauben. Zur Sicherheit rief ich dann noch mal bei ihr an und fragte nach.

»Ja, du hast richtig gehört! Wir sind getrennt!«

Darauf meinte ich zu ihr, dass das doch ein Riesenirrtum von ihr wäre:

»Weißt du denn, welchen Monat wir haben? August!«

»Na und?«

»Wir haben uns noch nie im August getrennt! Bist du jetzt vollkommen durcheinander?!«

»Egal – Trennung! Basda!«

Damit kam jetzt mein logisch denkender Verstand überhaupt nicht klar; ich war vollkommen neben der Kappe. Wahrscheinlich passierte mir deshalb auch das furchtbare Malheur mit dem Dixi-Klo …

KAPITEL 3:
WENN'S AM SCHLIMMSTEN IST, HÖRT'S NOCH LANGE NICHT AUF

Ich hatte also gerade die erste Sommertrennung meines Lebens. Um noch einmal ganz sicherzugehen, hatte ich Jeannette ein zweites Mal angerufen und sie gefragt, ob sie sich gesund fühle. Ja, meinte sie, mit ihr wäre alles in Ordnung. Aber ich sollte mich von Grund auf ändern. Sonst würde ich nicht mehr interessant sein für sie.

»Ich möchte jetzt mal ein wenig Abwechslung in meinem Leben, etwas Neues! Mehr Rock 'n' Roll!«

Hmh, ob sie einen Tanzkurs machen wollte? Ich verstand das alles nicht!

Die wesentliche Frage war: Wann kommen wir denn jetzt wieder zusammen? Normal sind wir Ende Juni immer wieder vereint gewesen. Aber der Juni war ja bereits vorbei.

Will sie jetzt von Anfang Mai bis Ende Juli meine Freundin sein? Diese Frau bringt ja meinen ganzen Kalender durcheinander!

Aber zuerst einmal musste ich mich um mein eigenes Wohlergehen kümmern. Vor allem hatte ich nach der ganzen Schufterei einen Riesenkohldampf und hätte fünfmal die Nummer 17 essen können! Alfonso war jetzt die richtige Adresse für mich. Vorher müsste ich aber dringend meine Klamotten wechseln.

Mein T-Shirt roch nach der schweißtreibenden Fliesenkleberei, als hätte ein magenkranker Dackel draufgekotzt.

Damit hätte ich mich noch nicht einmal bei dem etwas schmuddeligen Alfonso zeigen können. Zum Glück hatte ich frische Klamotten in den Umzugskisten. Da ich bei meiner Suche ausgerechnet einen Karton mit Ausgehkleidung erwischte, zog ich kurzerhand meinen weißen Sonntagsanzug an, der griffbereit an oberster Stelle lag. Ich war gerade dabei, zu Alfonso aufzubrechen, da spürte ich ein dringendes Bedürfnis. Das kann doch nicht sein?! Ich war wirklich vollkommen baff! Ein solches Bedürfnis hatte mich seit Jahrzehnten nicht mehr um diese Uhrzeit geplagt. Meine Ernährung und meine Verdauung folgen strengen Regeln, alles ist exakt durchgetimt. Ich habe da ganz feste Zeiten. Aber ich kam an dieser Tatsache einfach nicht vorbei, es ließ sich weder leugnen noch ignorieren – ich musste kacken!

Das kam bestimmt durch die ganze Aufregung. Die brachte sogar meine Verdauung durcheinander. Natürlich wusste ich, was in einem solchen Fall zu tun war. Aber die einzige Toilette, die zur Verfügung stand, war das blaue Dixi-Klo vor dem Haus. Da ich persönlich nur sehr ungerne fremde Toiletten benutze, kostete es mich sehr viel Überwindung, auf die Plastiktoilette im Garten zu gehen. Meine Urlaube plane ich wegen dieser Problematik auch nur immer maximal drei bis vier Tage; länger hält man das Einhalten ja nicht aus. Vier Tage aber wären jetzt niemals drin gewesen, auch keine vier Minuten mehr, ich musste, und zwar sofort!

Ich erinnerte mich an einen Spruch meiner Oma:

»Nur die Hadde komme in de Gadde!«

Es ging also kein Weg an der blauen Kunststofftoilette vorbei. Die Umstände waren jedoch alles andere als angenehm. Es verhielt sich nämlich so, dass der Kasten den ganzen Tag bei brütender Hitze in der herunterknallenden Sonne gestanden hatte. Bei hochsommerlichen Temperaturen von knapp 37 Grad im Schatten, der heißeste Augusttag in Hessen seit Jahren! Im Inneren der Toilette waren es bestimmt an die hundert Grad Celsius – schon fast am Siedepunkt! Da platzt man ja auf wie 'ne Fleischwurst! Auch wurde das Klo die ganzen Tage noch von den vielen Handwerkern besucht. Die haben sich vor allem von serbischer Bohnensuppe mit viel Knoblauch ernährt. Nun kann man sich sehr gut vorstellen, was da drinnen los war. Der extreme Gestank der sich ausbreitenden Gase, hatte schon die Tür leicht ausgebeult! Da soll ich jetzt reingehen? Schon bei dem Gedanken daran wurde mir speiübel. Aber ich habe mich zusammengenommen und mir selbst gesagt, dass ich davon schon nicht sterben werde. Hauptsache, ich fasse nichts an und lecke nichts ab!

DIE FALLE SCHNAPPT ZU

Mit der Hand-in-der-Hosentasche-Methode öffne ich die Tür von außen, ohne sie zu berühren. Mit derselben Technik verriegle ich die Tür von innen, verrichte mit Hilfe yogischer Feueratmung in Rekordzeit mein Geschäft, will wieder raus – aber der Riegel klemmt! Er bewegt sich keinen Millimeter!

Ich ziehe, reiße, stoße, trete – nichts zu machen! Mit aller Kraft rüttele ich an dem Griff, sodass das ganze Klohäuschen davon erschüttert wird. Mir läuft der Schweiß in Strömen, ich schwitze wie ein Schweinebraten und keuche wie ein Blutvergießer. Meine Tritte und Stöße gegen den Riegel untermale ich mit wildem Kampfgebrüll. Ich gebe einfach alles – nicht genug; das vermaledeite Ding geht nicht auf!

Die grausame Wahrheit ist: Ich bin eingesperrt. Bei lebendigem Unterleib. In einem kleinen, erbärmlichen, stinkenden Plastik-Klo ...

Das ist mit Abstand der peinlichste, idiotischste Schicksalsschlag, den ich in meinem ganzen Leben je erlebt habe. Wie kann einem nur so etwas Blödes passieren?

Wie kann mich hier irgendjemand ausfindig machen? Wo der Garten mit dem Dixi-Klo doch am Waldrand liegt. Ich bin ja hier menschenseelenallein. Meine Schreie würde bestimmt keiner hören … Sowieso wäre das ja viel zu entwürdigend, um Hilfe zu schreien. Bin ich ein Mädchen? Nein, um Hilfe rufen kommt nicht in Frage – wenn das jemand hören würde!

Sowas Blödes aber auch! So etwas Hirnverbranntes! Warum passiert ausgerechnet mir ausgerechnet heute ausgerechnet hier so ein verfluchter Mist?

»Himmelheiligekreuzgewitterstickflussgranatenelementdonnerkeil noch einmal!«

Das ist übrigens ein Fluch, den meine hessischen Ahnen schon seit vielen Generationen gebrauchen. Damit haben sie oft versucht, die Schicksalskräfte zu beeinflussen, denn die waren ihnen ja nicht immer hold gewesen.

Aber ich zögere noch, die Kräfte des Bösen anzurufen. Die Nebenwirkungen sind doch meistens sehr groß. Deshalb hat mich meine Oma immer davor gewarnt zu fluchen. Das Gift muss ja schließlich erst einmal durch einen selbst hindurch. Also schadet man vor allem sich selber. An dieser Stelle muss ich aber auch zugeben, dass es uns Hessen – im Vergleich zu anderen Bundesbürgern – wesentlich schwerer fällt, ordentlich zu schimpfen und zu fluchen. Das liegt daran, dass es im Hessischen keine harten und scharfen Konsonanten gibt. Ein Wort wie »Scheiße« eignet sich im Hochdeutschen ausgezeichnet dazu, um in scharfer Form die innere Ablehnung einer bestimmten Situation kundzutun. Da wir Hessen rund um Frankfurt aber kein scharfes »s« kennen, sprechen wir auch das Wort »Scheiße« mit einem sehr gefälligen, weichen, stimmhaften *s*. Das hessische »Schei*s*e« klingt also mehr wie ein freundliches Bienengesumme als wie ein böser, harter Fluch. Wir setzen es sogar auch sehr gerne ein, um eine positive Sache noch zu unterstreichen. Zum Beispiel sagen wir, wenn wir ein Stück Schwarzwälder auf der Zunge haben: *»Des schmeckt scheise leggär!«*

Ich habe auch oft genug erlebt, dass ich im Streit nicht ernst genommen worden bin, wenn ich Auswärtige mit Wörtern beschimpft habe wie: *»Du Labbeduddel! Du Fissigunkes! Du Kordeldepp!«* Vielleicht dachten die Betreffenden, es seien Kosenamen, die ich ihnen zurief?

Der Traditionsfluch meiner Ahnen war da natürlich schon ein anderes Kaliber.

Wenn ich den jetzt hier loslassen würde, könnte es sein, dass nicht nur die Klotür nachgibt, sondern dass das ganze Haus einstürzt und vielleicht noch ein paar Häuser in der Nachbarschaft dazu. Deshalb halte ich mich besser mal zurück. Aber zumindest als geistige Gebilde machen sich gerade einige Flüche in meinem Kopf breit. Ich nenne sie hier einmal zur besseren Unterscheidung von anderen Gedanken *Fluch-* oder *Brüllgedanken*. Ich bin mir sicher, dass euch diese Art von Gedanken sehr vertraut sind, besonders den männlichen Primaten unter euch.

Obwohl Brüllgedanken reine Gedanken sind, können sie in manchen Fällen von anderen nebenstehenden

Menschen gehört werden. Ja, wirklich! Wie das geschehen kann, ist noch nicht genau geklärt. Auch hat man beobachtet, dass bei Menschen, die gerade Brüllgedanken haben, eine Art Dampf oder Qualm aus den Ohren steigt. So wie bei mir, wenn mir beim Einkaufen im örtlichen Lebensmittelmarkt in fast jedem Gang aus irgendeinem Bildschirm eine aufdringliche, nervige Stimme einen Werbetext aufs Ohr drückt und ich dazu gezwungen werde, mir Sätze anzuhören wie diese:

»Sie kennen sicher alle das Problem: Beim Ananasschneiden rutscht dauernd Ihr Messer ab!«

Mir so etwas einfach zu unterstellen! In meinem Fall trifft das gar nicht zu. Ich hab damit überhaupt kein Problem, weil ich gar keine Ananasse esse.

Aber trotzdem muss ich mir weiter diese aggressive Stimme anhören: *»Jetzt gibt es den neuen, kinderleicht zu bedienenden Ananasschneider! Mit dem neuen, kinderleicht zu bedienenden Ananasschneider ...«* Verdammt, ich esse keine Ananasse! Und wenn ich welche essen würde, geht es mir dann durch den Kopf, würde ich sie mit jedem anderen Messer schneiden, nur nicht mit eurem verfluchten Ananasschneider! Und zack – gehen mir die schlimmsten Brüllgedanken durch den Kopf.

Man weiß mittlerweile schon sehr gut darüber Bescheid, unter welchen Bedingungen Brüllgedanken entstehen: Wenn jemand Aggressionen entwickelt und diese nicht spontan ausleben kann. Also mal angenommen, da hat ein Mann den Impuls, jemanden in seiner Umgebung umzubringen. Dann kann er das meistens gar nicht machen, weil gerade die Situation dafür nicht so günstig ist, die Kinder vielleicht dabei sind oder wer weiß was. Natürlich ist es auch viel besser, wenn er keinen umbringt, weil das heute in den meisten Bundesländern – Gott sei Dank – ja gar nicht mehr erlaubt ist. Aber innerlich kocht er vor Wut, und er würde am liebsten die schlimmsten Schimpfwörter aus sich herausbrüllen. Doch es sind überall viel zu viele Menschen um ihn herum, sodass selbst das Schreien nicht mehr geht. Wenn man also noch nicht einmal mehr seine Aggression herausbrüllen kann, entstehen im Kopf Brüllgedanken.

Jetzt fragt ihr mich, warum Männer mehr Brüllgedanken produzieren als Frauen?

Ich kann hier auch nur den aktuellen Stand der Brüllgedanken-Forschung wiedergeben. Die Wissenschaft geht davon aus, dass der Mann noch von denselben Instinkten und Hormonen gesteuert wird wie vor hunderttausenden von Jahren. Wer damals nicht auf Krawall gebürstet war, hatte als Krieger im Kampf gegen den Nachbarstamm schlechte Karten. Und auch als Jäger musste der Steinzeit-Hesse todesmutig der Gefahr ins Auge sehen. Das geht nur unter Drogen, und die können wir Männer von Natur aus selbst in unserem Körper herstellen. Deshalb ziehen Männer mit denselben Gefühlen in einen Krieg wie ins Fußballstadion. Denn auf dem Fußballplatz treffen zwei aufgeputschte Primatenhorden aufeinander, die sich die Beute abjagen. Die wilden Gesten und Schreie von Fußballfans stoßen teilweise bei Frauen auf Unverständnis, weil die meisten von ihnen nicht in der Lage sind, so tolle Hormone auszuschütten.

In der heutigen Zivilisation haben Männer jedoch außer beim Fußball nicht mehr so viele Gelegenheiten, ihre Triebe auszuleben. Wir ziehen jetzt durch den Supermarkt auf der Jagd nach Beute, aber da geht es nicht mehr so schön wild zu wie früher, als wir noch mit dem Speer das Mammut durch den halben Taunus verfolgen mussten. Jetzt können wir uns da mit unserem Einkaufswagen ganz brav an der Kasse anstellen und warten, bis wir an der Reihe sind. Wenn uns eine Steinzeitfrau sehen würde, wie wir da mit unserem Klopapier und den Schokoladenkeksen vor der Kassiererin stehen, unterwürfig wie kastrierte Ziegenböcke – die würde sich über uns kaputtlachen! Und wenn die Kassiererin dann genau in dem Augenblick, wo wir drangekommen wären, ein Schild auf das Fließband stellt mit der Aufschrift: Diese Kasse ist geschlossen ... Und wenn uns dann noch zehn Hausfrauen von hinten rechts überholen und zur nächsten Kasse stürmen, obwohl wir schon viel länger in der Schlange gewartet haben ... Dann kann es passieren, dass auch in *meinem* Kopf Brüllgedanken vom Feinsten entstehen, obwohl ich ein absoluter Gentleman bin. Aber manchmal fühlt man sich einfach als stolzer Mammutjäger bis aufs Blut gedemütigt von den rigorosen Kassiererinnen und hektischen Hausfrauen. Und ehe man es verhindern kann, fliegen einem schon die ersten Kampfhormone um die Ohren. Ich bin ja immer noch froh, dass es da bei mir bei den Brüllgedanken bleibt. Hoffentlich wird der Druck nie so groß, dass mein Ventil einmal explodiert und ich anfange zu toben, zu brüllen und zu schreien. Dann werde ich vielleicht unter den schlimmsten Drohungen und mit wildem Kriegsgeschrei das Schildchen der Kassiererin auf den Fußboden feuern! Und weil ich keinen Speer dabeihabe, werde ich nach dem Ananasmesser greifen und in einem furchtbaren Amoklauf sämtliche Ananasse aufschlitzen und die Kürbisse werde ich genauso abschlachten! Huaaah!

Nein, keine Angst jetzt, ich kann euch beruhigen: So weit lasse ich es natürlich nicht kommen! Ich weiß, wie man(n) sich in Notfällen rechtzeitig wieder besänftigen kann, bevor man(n) total unter Stresstosteron steht. Es gibt da einen Trick, der ist total simpel, aber ganz einfach. Und zwar spricht man das folgende Wort leise vor sich hin: *Gänseblümchenblütenblättchen*. Ihr könnt es direkt einmal ausprobieren! Ihr werdet schon sehen, wie sehr euch das beruhigt. Es verändert sofort euren Gesichtsausdruck und macht euch auf der Stelle liebevoll und friedlich. Studien haben bewiesen, dass ein Mensch niemanden umbringen und gleichzeitig an Gänseblümchen denken kann.

Also praktiziere ich es jetzt auch hier in dieser ganz speziellen Situation und versuche, mich in Gedanken auf Gänseblümchen zu konzentrieren. Ich sehe sie also vor meinem geistigen Auge, eine grüne Sommerwiese mit lauter frischen, zarten Gänseblümchen ... Oh, wie leggär!

Das wär's jetzt: ein knackig-frischer Gänseblümchen-Salat! Mit einem Schuss Zitrone und einem Teelöffel Senf ...
Mmh, rischdisch leggär! Mir läuft jo schon die Verdauungssoß im Mund zusamme!

Maddins Salat mit Gänseblümchen – schweineleggär

Zutaten:

3 Handvoll Gänse-
blümchen
1 Kopf Blattsalat
9-13 Radieschen
4-5 Walnüsse
1 kleine rote Zwiebel
200 g Ziegenkäse
1 Bund Schnittlauch

Für die Marinade:

1 Teelöffel Senf
Salz
Pfeffer
3 Esslöffel Olivenöl
2 Esslöffel Apfel-
essig
1 Esslöffel Apfelsaft

Zubereitung:

Für den Salat die Gänseblümchenköpfchen von den Stielen befreien, dann waschen und trocknen. Den Schnittlauch ebenso waschen, trocken und schütteln. Die Radieschen waschen, trocknen und in Scheibchen schneiden. Den Salat putzen, abbrausen, trocknen und zerrupfen. Die rote Zwiebel in Ringe schneiden. Die Walnüsse zerstoßen oder mit den Händen zerbröseln. Den Ziegenkäse in Würfelchen schneiden.

Die Zutaten für die Soße, also Apfelsaft, Apfelessig, Oli-
venöl, Senf, Pfeffer und Salz in ein Schraubglas füllen und
schütteln. Danach die Marinade über den Salat geben.
Alles eine halbe Stunde durchziehen lassen. Dann essen!

Hunger kann man wegatmen, hab ich mal gelesen, indem man tiefe Atemzüge macht. Tief durchatmen. Aber wie soll man tief einatmen, wenn es stinkt wie aus hundert Mülltonnen?!!

SISCHÄR IS SISCHÄR – ABER AUCH BEKLOPPT!

In meiner Fantasie hatte ich mir ja schon oft irgendeine Notlage ausgemalt, in die ich einmal kommen würde. Und ich bin eigentlich auch Spezialist darin, irgendwelchen Notlagen vorzubeugen. Zum Beispiel hatte ich von dem Wohnungsschlüssel meiner früheren Mietwohnung drei-unddreißig Exemplare nachmachen lassen und alle drei-unddreißig Zweitschlüssel immer an dreiunddreißig ver-schiedenen Verstecken aufbewahrt. Natürlich hatte ich mir dazu eine Liste angefertigt, auf der ich ordnungsgemäß je-des einzelne der dreiunddreißig Verstecke eingetragen habe. Diese Liste habe ich dann dreiunddreißigfach vervielfältigt und dann auch wiederum an dreiunddreißig verschiedenen Plätzen aufbewahrt. Jeannette fand das zwar etwas übertrie-ben, aber es gab mir immer ein einigermaßen sicheres Ge-fühl. Die vielen Ersatzschlüssel konnten aber nicht verhindern, dass mich in Abwesenheit immer wieder die Frage quälte, ob ich die Wohnung denn auch abgeschlossen hatte. Das war sogar einmal der Grund dafür, dass ich unseren Wanderurlaub in der Provence gegen den Willen von Jeannette abbrechen musste. Aber ich hatte wegen des Schlüssels einfach ein so verdammt ungutes Gefühl ... Ich bekam diese Hab-ich-auch-die-Tür-abgeschlossen?-Angst irgendwann in den Griff, indem ich das Abschließen der Türe mit einem körperlichen Reiz in Verbindung brachte. Das heißt, nachdem ich den Schlüssel abgezogen hatte, haute ich mir jedes Mal drei Mal aufs rechte Ohr. Begleitend dazu sang ich in der Form eines kurzen Jodlers: »Hollerahüdü – die Tür ist zu! Juhu!«

So blieb die Information besser in meinem Gedächtnis hängen, dass die Tür abgeschlossen war. Freilich nutzte sich der körperliche Reiz mit der Zeit etwas ab, also musste ich ihn verstärken. Das machte ich dann, indem ich dreimal meinen Kopf mit der Stirn heftig gegen die Tür schlug. Es musste richtig scheppern. (Diese Methode kann ich übrigens sehr empfehlen, bevor man verreist oder in den Urlaub fährt oder fliegt. Wenn man nämlich dann am Urlaubsort im Hotel angekommen ist und sieht im Badezimmerspiegel, dass man ein fettes Hörnchen an der Stirn hat, weiß man: Jawoll, alles richtig gemacht: Die Türe zu Hause ist zu!)

Vorbeugende Maßnahmen ergreife ich auch, wenn es um die Frage geht, ob das Bügeleisen wirklich nicht mehr eingeschaltet und das Stromkabel aus der Steckdose gezogen ist.

Mein Bügeleisen durfte ich immer nach Gebrauch im Garten meines Vermieters circa 20 Zentimeter tief unter der Erde verbuddeln. So war kein Schaden durch Überhitzung oder Kurzschluss mehr zu befürchten.

Für nahezu alle Notfälle des Alltags war ich prinzipiell vorbereitet. Nur im Zusammenhang mit einem Dixi-Klo habe ich es versäumt, Notfallszenarien durchzuspielen!

KAPITEL 4:
DIE KLO-CHALLENGE – ODER: WER PRÜFT MICH DA?

Vielleicht hat sich irgendjemand das Ganze hier ausgedacht für mich und stellt mich auf die Probe? Vielleicht steckt RTL dahinter? So 'ne Mischung aus *Verstehen Sie Spaß?* und *Dschungelcamp* – von 80 Millionen bin ich zufällig für die Dixi-Klo-Challenge ausgewählt worden? Oder – wer weiß – vielleicht sind die ganzen letzten 15 Jahre schon inszeniert gewesen? Womöglich ist Jeannette eine verdeckt arbeitende RTL-Redakteurin und unsere Beziehung wurde heimlich als Daily Soap gefilmt und in Brasilien und der Mongolei gesendet?

Das würde bedeuten, ich bin in einigen Ländern schon längst berühmt. Könnte ich ja einfach mal testen, indem ich demnächst mal 'ne Reise in die Mongolei mache.

Es könnte natürlich sein, dass alle Mongolinnen und Mongolen mit eingeweiht sind von RTL und so tun, als würden sie mich gar nicht kennen.

Egal, was jetzt hier dahintersteckt – meine geistigen Fähigkeiten werden mich schon aus dieser Lage befreien. Und später kann ich dann vielleicht das erste »Notfall-Rettungsbuch für Eingesperrte in Plastik-Toiletten« schreiben! Jetzt aber erst einmal Ordnung in meinem Kopf schaffen. Ganz klar und nüchtern meine Situation hier betrachten.

Am besten, ich sehe meine Lage jetzt einfach als eine Herausforderung. Eine Herausforderung an meine Säugetier-Intelligenz. Es hat ja immerhin Millionen von Jahren gedauert, bis sich die menschliche Intelligenz zu einer solchen Blüte entwickeln konnte, wie sie jetzt bei mir zu bewundern ist. Jetzt besteht die einmalige Chance für mich, diese Intelligenz unter Beweis zu stellen.

Wir Menschen sind die einzigen Lebewesen auf diesem Planeten, die denken können. Das ist oft ein großer Vorteil. Es kann allerdings auch von Nachteil sein. Genauso wie wir uns die schönsten und genialsten Dinge ausdenken können, können wir uns auch den größten und beklopptesten Mist ausdenken. Und das ist meistens keine Frage von männlichem oder weiblichem Verstand. Auch Männer, ja, sogar *ich* schließe mich da gar nicht aus, denken oft einen ganz schönen Schwachsinn. Einem einzelnen Menschen gehen pro Tag rund 65.000 Gedanken durch den Kopf, das macht pro Woche schon 455.000 Gedanken und im Jahr sind das 23.660.000 Gedanken! Und davon sind die allermeisten Gedanken keine klugen, philosophischen Top-Thoughts, sondern total überflüssige, dumme Schrottgedanken. Geistiger Sondermüll. Hier war es auch wieder einmal Jeannette, die mich auf etwas aufmerksam gemacht hat, worunter sogar mein ansonsten so hochentwickelter männlicher Verstand leidet, er lässt sich nämlich sehr leicht durch meine ausgeprägte Vorstellungskraft beeinflussen.

Gerade Männer haben oft eine blühende Fantasie, wenn es um mögliche Pannen oder Unglücksfälle geht. Worin liegt der Grund dafür, dass ich mich immer so extrem absichern muss, ob ich zum Beispiel das Küchenfenster nach dem Frühstücken geöffnet und wieder zugemacht habe? Weil ich eine ganz genaue Vorstellung davon hatte, was dann während meiner Abwesenheit passieren könnte.

Vor vier Jahren bekam ich nämlich von Jeannette zum Geburtstag einen Toaster geschenkt. Ich habe ihn am selben Tag eingeweiht, als mein Freund Hans Jörg seiner Claudia in der Kirche das Jawort geben wollte. Da die Trauung noch für den Vormittag angesetzt war, hatte ich es nach dem Frühstück etwas eilig. Deshalb kontrollierte ich nicht so intensiv wie sonst, ob ich den Toaster abgeschaltet und das Kabel aus der Dose gezogen hatte. Es war ja auch die erste Inbetriebnahme und ich hatte mir noch kein Sicherheitskonzept ausgedacht, geschweige denn ein routiniertes Vorgehen bei der Abschaltkontrolle an den Tag gelegt. Hinzu kam, dass ich nach dem Toasten das Fenster wahrscheinlich zwecks Stoßlüftung aufgerissen habe. In der Hitze des Toaster-Gefechts habe ich das natürlich nur unbewusst gemacht und ohne mir zu merken, ob ich es auch wieder zugemacht hatte.

So zerbrach ich mir also nun in der evangelischen Kirche von Burgholzhausen den Kopf darüber, ob ich das Küchenfenster geöffnet und wieder verschlossen oder geöffnet und nicht wieder verschlossen oder ob ich es überhaupt geöffnet hatte?!

Denn davon hing schließlich ab, welche weiteren Gefahren als eine Art Kettenreaktion für meine Wohnung noch drohten. Vor meinem inneren Auge sah ich schon ein Vögelchen durch das offene Fenster in meinen Wintergarten fliegen. Was, wenn sich das muntere Vöglein ausgerechnet auf das Hebelchen des Toasters niederlassen würde? Und was, bitteschön, wenn das Hebelchen des Toasters aufgrund des Gewichts des Vögleins nach unten gedrückt würde?? Vielleicht würde es sich ja gar nicht um ein kleines, zartes Vöglein handeln, sondern um einen ausgewachsenen Bussard?? Was dann?? Kein Zweifel, der Einschalthebel des Toasters würde heruntergedrückt, der Toaster somit eingeschaltet werden, zu glühen beginnen und zu glühen ... Der arme Bussard würde Feuer fangen; und nach einer halben Stunde wäre die komplette Küche abgefackelt!! Angesichts solcher Gedanken brach mir in der Kirche dermaßen der Angstschweiß aus, dass ich es nicht mehr aushielt und in Panik aus der Kirche rannte. Denn, was, ging mir durch den Kopf, was, wenn das Feuer sich ausbreiten würde? Über mir wohnt eine dreiköpfige Familie ...! Ein ganzer Stadtteil würde womöglich ausgelöscht! Wegen eines kleinen Vögelchens auf dem Hebelchen meines Toasters!

Man kann ja jetzt nicht sagen, dass das alles an den Haaren herbeigezogen wäre?

Oder doch?

Der Hans Jörg hat mir lange nicht verziehen, dass ich von der Trauung weggerannt bin. Na ja, als Trauzeuge war es schon etwas doof von mir, gebe ich zu ...

THE SEXY WAY OF THINKING – ODER: LIEBER VON RUMÄNINNEN VERNASCHT ALS VOM SÄBELZAHNTIGER

Mit dieser Geschichte möchte ich einfach nur sagen, dass wir Menschen uns oft einen ganz schönen Käs ausdenken. Dabei denken wir uns aber keinen guten Käs aus und auch keinen mittelschlechten Käs. Nein, wir denken uns immer den sogenannten wörscht Käs aus.

Wörscht und Käs sind zwei urhessische Wörter und stehen in ihrer Bedeutung für den schlimmsten Käse, den man sich ausdenken kann. Die Redewendung rührt wahrscheinlich daher, dass manche Leute beim Essen den Käse zusammen mit der Wurst auf einen Teller legen, was den Geschmack der Käsesorten sehr beeinträchtigt. Ein schönes Beispiel für das Hineinsteigern in Wörscht-Käs-Gedanken kennt ihr selbst bestimmt auch von eurer Macke mit der Haus- oder Wohnungstür. Das läuft dann ungefähr so ab: Irgendwo unterwegs schießt mir die Frage durch den Kopf, ob ich meine Tür zuhause abgeschlossen habe. Ich bekomme ein ungutes Gefühl im Bauch bei dem Gedanken, dass sie vielleicht wirklich offen steht. Wer weiß, was da jetzt alles passieren kann? Wen das jetzt wohl anlocken könnte? Klar – das lockt natürlich Einbrecher an! Wahrscheinlich eine von diesen gefährlichen rumänischen Banden, von denen man immer so viel liest und hört. Diese gewalttätigen, skrupellosen Gangster, die bei ihren Raubzügen alles in der Wohnung kurz und klein schlagen!

Und so jagt in unserem Kopf ein Wörscht-Käs-Gedanke den nächsten:

Wahrscheinlich werden sie auch meinen ganzen Schnaps leer saufen! Solange, bis sie total besoffen sind und mir auf meinen schönen Teppich kotzen! Und dann vergehen sie sich noch an meiner armen Katze! Und wenn ich am Abend nach Hause komme, werden sie mir schon an der Türe auflauern und mir beim Eintreten in die Wohnung eins über die Rübe ziehen. Dann liege ich bewusstlos am Boden, auf dem besagten Teppich ... Als Nächstes schnippeln sie mir den Bauch auf und holen verschiedene Organe aus meinem Bauch, die sie dann auf Ebay verkloppen!

Mit Sicherheit läuft bei euch genau derselbe Film ab, gell? Oder zumindest ein ähnlich schrecklicher Film mit einem garantiert grauenvollen Ende?

Warum denken wir denn eigentlich immer Richtung wörscht Käs?

Meine Oma sagte immer:

**»Hoffe mer des Beste –
des Schlimmste kommt von allein!«**

Wir könnten doch einfach meiner Oma folgen und in die umgekehrte Richtung denken: in Richtung best Käs!

Also im Falle der Situation mit der nicht abgeschlossenen Türe, könnte ich mir dann Folgendes denken: Ich glaube, meine Haustüre ist noch offen – super! Echt toll! Wer weiß, wen das jetzt anlockt? Vielleicht eine Einbrecherin? Ja!! Oder vielleicht sogar eine ganze Bande? Lauter, hübsche, sexy Rumäninnen! Yeah!

Welcher Mann würde da nicht gerne die Türe aufstehen haben wollen?!

Eine fantastische Vorstellung: Wenn ich am Abend nach Hause komme, lauern sie mir an der Türe auf und fallen über mich her! Verführen mich! Vernaschen mich! Knutschen mich ab wie ein Rudel rolliger Elchkühe! Das wird die beste Nacht meines Lebens! Vielleicht ziehen sie sogar bei mir ein? Dann hätte ich den ersten Harem in ganz Hessen gegründet! Sultan Maddin der Erste!

Best Käs vom Feinsten.

Okay, das wäre jetzt ein typischer Männer-Best-Käs.

Frauen können sich das ja umgekehrt vorstellen. (Aber viele Frauen sind in dieser Hinsicht sowieso nicht ganz so ängstlich wie Männer.)

DER HÖHLEN-HAU

Ich habe mich schon oft gefragt, woher das Ganze negative Denken bei uns kommt. Seit wann haben wir Männer denn schon einen an der Waffel?

Vermutlich bereits sehr, sehr lange. Wir haben wohl erstmals in der Steinzeit unsere Lust am wörscht Käs entdeckt. Damals gab es zwar noch nicht so viele Verletzte im Straßenverkehr, aber außerhalb der heimischen Hütte oder Höhle lauerten viele gefährliche Raubtiere. Auch rund um Burgholzhausen lebten damals noch etliche Säbelzahntiger, Mammuts und Riesenwildschweine. Die landeten an Sonn- und Feiertagen auch schon mal auf dem Grill, aber die Jagd war nichts für Weicheier.

Man muss sich das wohl so vorstellen, dass sich damals der Steinzeit-Hesse morgens nach dem Frühstück von seinem *Zuggerschnecksche* liebevoll verabschiedet hat: *»Mach's gut, Schatzebobbes!«* Und danach ist er mit dem Speer in der Hand in den Wald gezogen. Vielleicht haben ihn ein paar Kumpels begleitet, und gemeinsam haben sie sich aufgemacht, das Mittagessen zu besorgen. Dann schoss plötzlich unserem Steinzeit-Hessen, nennen wir ihn den Höhlen-Schorsch, der Gedanke durch den Kopf: *Oh, Mist! Ich hab die Höhl uffgelasse!*

Hätte er tatsächlich vergessen, den obligatorischen Felsblock vor den Höhleneingang zu wuchten, wäre der Rest der Familie jetzt in großer Gefahr! Denn das würde bedeuten, dass ein hungriger Säbelzahntiger kein Problem damit hätte, in die Höhle zu marschieren. Er würde Frau und Kinder auf der Stelle verfrühstücken! Damit wäre der Höhlen-Schorsch wieder mit einem Schlag Single! Wörscht-Steinzeit-Käs!

In einem bekannten deutschen Volkslied heißt es: »Wo gesungen wird, da lass dich nieder, böse Menschen kennen keine Lieder.«

Vielleicht könnte in dieser Liedzeile der Schlüssel zu meiner Rettung liegen? Auch wenn es nur ein kleiner Strohhalm ist, an den ich mich da jetzt klammere – aber warum nicht mal ausprobieren? Ein fröhliches Liedlein singen! Das könnte den einen oder anderen Wandersmann oder gar eine Wandersfrau vom Weg abbringen und zum Dixi-Klo lotsen?!

Dann stimme ich also mal am besten einen Gute-Laune-Schlager aus den Zwanzigerjahren (des vorigen Jahrhunderts) an:

»Ich hab das Fräul'n Helen baden sehn,
das war schön! Da kann man Waden sehn,
rund und schön, im Wasser stehn!
Und wenn sie ungeschickt, tief sich bückt – so!
Dann sieht man ganz genau bei der Frau – oh!«

Meine Stimmung stieg jedenfalls durch das Singen spürbar an. Noch ein paar alte Kamellen wie »Im Café Oriental«, »Ich kauf mir lieber einen Tiroler-Hut!« oder »Gell, du hast mich gelle gern« – und die Party war am Kochen!

Nur halt doch schade, dass keiner an meiner fetzigen Dixi-Klo-Fete teilnehmen mochte …

Da musste ich auf einmal an die Prophezeiung meines alten Musiklehrers denken, der mir einst riet: Falls ich jemals in meinem Leben Freunde haben wolle, geschweige denn eine mich liebende Frau, sollte ich niemals auf die Idee kommen, laut oder sogar öffentlich zu singen. Mein Musiklehrer besaß jedoch das herausragende Talent, andere Talente total zu unterschätzen. Niemals wurde ein Talent so gründlich verkannt wie im Falle meiner gesanglichen Begabung! Auch Jeannette wusste diese null zu würdigen, was vielleicht aber auch an der Auswahl der Songs lag, die ich ihr zu besonderen Anlässen vorträllerte. Wenn ich in Stimmung kam, habe ich ihr bevorzugt die Lieblingsschlager meiner Oma vorgesungen, zum Beispiel: »Am Sonntag will mein Süßer mit mir Segeln gehn« oder »Mein Papagei frisst keine harten Eier«. Ich stelle mich gerne dem Vorwurf, mit meinen Liedern nicht ganz den Nerv der Zeit und schon gar nicht den Geschmack von Jeannette getroffen zu haben. Dafür nehme ich es mir hier in meiner Zelle ganz fest vor, nach meiner Befreiung einige moderne Popsongs für sie einzuüben. Schließlich liegt meiner Familie das Singen im Blut, die Reihe gesangsbegabter Vorfahren lässt sich bis ins Hochmittelalter zurückverfolgen.

Meine Oma hat mir oft von diesem einen Vorfahren aus längst vergangener Zeit erzählt. Eine Geschichte, die zu Unrecht in Vergessenheit geraten ist, obwohl sie sogar große Komponisten inspiriert hat. Aber wie das dann manchmal so ist mit der Wahrheit. Die wurde in diesem Fall vollkommen verdreht, ähnlich, wie bei der Sache mit dem Hinterteil und dem Götz von Berlichingen.

An dieser Verbreitung von Fake News war allerdings nicht der Herr von Goethe schuld, sondern viele andere. Unter anderem ein weiteres deutsches Schwergewicht, der Richard Wagner. Nein, nicht der mit der Tiefkühlpizza, sondern der mit den vielen schweren, langen Angeberliedern, die man gar nicht mal so leicht mitsingen kann wie zum Beispiel »Griechischer Wein« von Udo Jürgens. Der Wagner hat die nicht einfach so zum Singen in der Kneipe geschrieben, sondern für ewig lange Opern-Spektakel. Noch heute treffen sich einmal im Jahr die Opern-Fans in Bayreuth, hören sich das an und sitzen sich stundenlang den Hintern platt bis zum großen Finale. Auch unsere ehemalige Bundeskanzlerin ist regelmäßig dabei. Die ist da kaum wiederzuerkennen in ihrer schicken Garderobe. Und ich glaube, die ist jedes Mal richtig froh, wenn der ganz Zirkus vorbei ist und sie wieder aus dem Fummel raus kann. Und Mitsingen hab ich sie noch nie gesehen oder Mitschunkeln. Aber sie ist da ja auch nicht so der Typ dafür, der beim Feiern richtig aus sich rausgeht. Aber zurück zu Wagners Richard. Der hat in seinen Opern ganz kräftig an der Wahrheit über eine geschichtlich verbriefte Begebenheit geschraubt. Und zwar beim Sängerkrieg auf der Wartburg. Eine kurze Erklärung für die, die das nicht mehr so richtig in Erinnerung haben und auch für die, denen es bisher geglückt ist, Einladungen nach Bayreuth

mit der Krallenentzündung des Wellensittichs oder einer –
kosmisch gesehen – unglücklichen Mars-Jupiter-Konstel-
lation zu umgehen. Also: Das Ganze ist jetzt ein paar hundert Jahre her. Da trafen sich die besten Sänger der Ge-
gend auf der Wartburg, um vor den damaligen Besitzern
ihr Können unter Beweis zu stellen. Ich will mal so sagen,
ähnlich wie bei »Night of the Proms«, wo der Pavarotti
mit dem Sting zusammen einen abgeschmettert hat, oder
noch besser: Wie bei *Deutschland sucht den Superstar*, allerdings erst im Finale. Offizieller Grund, damals wie heute:
Sängerwettstreit. Nur, dass die Jury früher aus einem Fürstenpaar mit Anhang bestand. Aber in Wirklichkeit ging
es damals darum, sich bei den Adligen einzuschleimen.
Die hohen Herren brauchten ganz viel Aufmerksamkeit
und Lobhudelei. Das war schon ganz schön übertrieben
damals. Wenn mir Jeannette heute so viele Huldigungen
entgegenbringen würde, wie die damals ihren Fürsten,
wäre mir das eigentlich fast schon zu viel. Obwohl sie sich
davon natürlich schon ein kleines Stückchen abschneiden
könnte. Aber zurück in die Wartburg.

Sechs der besten Sänger traten da gegeneinander an und
schmetterten mehr oder weniger lustige Lieder über ihre
Gastgeber. Einer hatte da wohl etwas missverstanden, und
wäre es eine Klassenarbeit gewesen, hätte drunter gestanden: Thema verfehlt! Der sang nämlich nicht über das an-
wesende Fürstenpaar aus Thüringen, sondern über seinen
eigenen Herrscher. Ihr werdet es Euch schon denken können. Richtig! In seinem Song ging es natürlich um einen

Landgrafen aus Hessen. Und das kam gar nicht gut an. Dummerweise hatte man sich vorher darauf geeinigt, den Verlierer zu enthaupten. Nun war aber der, der alles falsch verstanden hatte, nicht irgendjemand, sondern mein Ur-ahn Matternus von Schneidringen. Ihr braucht aber nicht zu googeln, der hat auch keinen Wikipedia-Eintrag. Wir waren halt mehr so Leute für die zweite Reihe, oder mal anders ausgedrückt, meine Familie war einfach medial nie so auf der Höhe der Zeit. Das hat die irgendwie nicht interessiert. Es ist aber alles wahr und gibt ja sogar Bilder davon.

Der Matternus war leider ein schlechter Verlierer und beklagte sich. Er fand nämlich, dass er doch am besten gesungen hätte und fragte, ob es kein Zuschauer-Voting gäbe. Das Ende vom Lied war dann: Sein Gejammer wollte keiner mehr länger ertragen – und so bekam er eine zweite Chance. Aber erst im nächsten Jahr. Dann würde man sich noch mal treffen und auch die Jury ganz anders besetzen. Gesagt, getan. Nächstes Jahr, derselbe Ort, die gleiche Zeit, dieselben Sänger, nur die Jury war halt anders besetzt. Und ab diesem Punkt haben die Geschichtsschreiber die Story völlig verhunzt. Richtig ist, dass die Jury damals offiziell aus dem Fürstenpaar bestand. Zur Unterstützung hatten sie sich Dietrich von der Bohlen dazu geholt. Er war ein alter Jury-Fachmann, wurde zu jedem Contest eingeladen und sah immer so aus, als käme er gerade aus den südlich besetzten Gebieten. Selbst im tiefsten Winter hatte der immer einen schönen, warmen braunen Teint.

Außerdem war noch mit dabei: Brue de Darnelen. Eine Art Quoten-Fremdling. Den brauchte man für den Besuch von auswärts. Schließlich wollte man sich bei dem Sängerstreit weltoffen geben und schaute nach, wen man noch so im Kerker hatte. Und der Brue hatte sich halt ganz ordentlich gehalten.

Auf der Wartburg waren als Sänger dabei: Walther von der Vogelweide, Wolfram von Eschenbach, Biterolf und noch ein paar andere. Bei den Buchmachern damals ganz weit vorne: Walther und Wolfram. Der Walther hatte schon so tolle Lieder komponiert wie: »Im Heuwagen vor mir fährt 'ne hübsche Frouwe«, oder auch »Dänen lügen bei der Folter doch«, während das ganze Land Wolframs »Schöne Maid, du hast heut für mich Zeit« anstimmte. Die waren also echte Hitlieferanten.

Am Abend vor dem Sängerstreit saßen alle schön zusammen bei einem lustigen Warm-Up-Meeting. Der Abend nahm so seinen Lauf, Gaukler da, Gaukler dort, dem musikalischen Nachwuchs wurde auch eine Chance gegeben, ein paar lustige Einlagen vom Hofnarr Atzselus von Schröderberg – alle waren ausgelassen und hatten sich einer Reihe von berauschenden Getränken hingegeben. Und dann stand mein Urahn plötzlich auf und schmetterte eine herzzerreißende Ode an das Fürstenpaar – diesmal an das richtige. Ein voller Erfolg! Er wurde gepriesen, gelobt und gefeiert. Er feierte mit und ihm wurde schon der Sieg des bevorstehenden Sängerkriegs prophezeit, doch dann kam alles ganz anders. Die Party war ihm

im Nachhinein gar nicht bekommen. Wahrscheinlich hatte er zu viel durcheinander gesoffen. Da gab es das süffige Fürstenbräu, das beste Starkbier seiner Zeit, und als Rotwein kredenzte man die Wartburger Mädchentraube. Dazwischen jede Menge Jägermeister. Man munkelte, dass die beiden Kumpels, Wolfram von Eschenbach und Walter von der Vogelweide, absichtlich meinem Vorfahren so viel Kräuterlikör eingeflößt hatten, um ihn als Konkurrent unschädlich zu machen. Er hatte den wohl schlimmsten Kater seines Lebens und reiherte sich die Seele aus dem Leib. Am nächsten Tag brachte er keinen Ton mehr heraus. Also wurde er disqualifiziert und entging nur knapp der Hinrichtung. Das war es dann auch mit seiner musikalischen Karriere. Aber jeder, der damals dabei war, konnte bezeugen, dass Matternus von Schneideringen der wahre Gewinner des Sängerkriegs auf der Wartburg war.

ÜBERLEBEN WILL GELERNT SEIN

Meine Lage hier im Dixi-Klo ist zwar schwierig, aber ich will mich nicht von Angst und negativen Wörscht-Käs-Gedanken beeinflussen lassen. Ich gehe also ganz sachlich vor und überlege mit meinem messerscharfen, männlichen Verstand, wie ich mich aus der Krise befreien kann.

Wie komme ich hier heraus? Gibt es einen Weg?

Die genialsten Einfälle haben die Menschen meist in einem Zustand völliger Entspannung. Viele bedeutende

Wissenschaftler hatten ihre besten Ideen entweder in der Badewanne, im Bett kurz vorm Einschlafen – oder auf dem Klo! Das ist es!

Ich setze mich auf die Toilette und denke in aller Ruhe nach. Natürlich nicht mit runtergelassener Hose – Hauptsache sitzen und entspannen. Und darauf warten, dass sich etwas tut. Warten auf eine Art göttliche Eingebung ...

Ja! Da ist sie! Ein Geistesblitz! Eine Jahrhundertidee!!

Und dabei so einfach: Ich trete die Türe ein! Die wird sich wundern, die ist ja eh schon ausgebeult!

Einmal richtig ausgeholt und dann mit Schwung und Schmackes den Fuß dagegen gepfeffert – keine Chance für dich, du arme Klotür!

Oder?

Das einzig Dumme dabei ist nur, dass ich gar nicht groß ausholen kann! Es ist viel zu eng, um Schwung zu holen mit meinem rechten Bein! Aus dem Stand heraus kann man aber keine Tür eintreten, das ist doch albern! Eine einzige Fehlkonstruktion! Welcher Architekt hat sich so etwas ausgedacht?! Da müsste doch noch ein Gang angebaut sein, in dem man kräftig Anlauf nehmen kann! Wie kann der TÜV das nur abnehmen?

Eine scheinbar aussichtslose Situation.

Gefangen in einem Dixi-Klo.

Kein Handy, kein Foto, kein Fernseher. Keine Dusche, keine Badewanne, kein Bett.

Aber am schlimmsten: Total ausgehungert. Und nichts zu essen. Keine Nudeln, keine Bratkartoffeln, keine belegten Brötchen. Keine Nummer 17. Kein Tiramisu, keine Schwarzwälder. Keine Käsesahne. Noch nicht mal frischer Zwetschgenkuchen mit Sahne.

Auch nichts zu trinken. Kein sauergespritzter Apfelwein. Kein gekühltes Bier. Noch nicht mal Eiswürfel ...

Irgendwie bin ich ja auch selbst schuld an meiner Lage. Wie kann ich auch nur auf's Klo gehen, ohne mir etwas zu essen mitzunehmen? Hätte ich mir doch wenigstens einen Apfel oder ein paar hartgekochte Eier eingesteckt! Ein unverzeihlicher Leichtsinn!

Na ja, hinterher ist man immer schlauer. In Zukunft werde ich nie mehr auf eine abgelegene Toilette gehen, ohne mir vorher nicht wenigstens einen kleinen Picknick-Korb zu packen!

Wie lange, frage ich mich, hält man es als erwachsener Mensch ohne Essen aus, wie viele Minuten? Ich habe mal von einem Chinesen gehört, der sogar tagelang auf einer Toilette eingeschlossen war. Dieser arme Mensch hat dann in seiner Verzweiflung vom Wasserhahn die Dichtungsringe aufgegessen! Ohne Beilage! Ich denke mal, die haben nicht besonders viele Nährwerte und Verstopfung bekommt man davon sicher auch. Und ohne Dichtungsringe schießt ja dann das ganze Wasser aus dem Hahn; am

Ende ertrinkt man noch zusätzlich zum Verhungern. Bevor man dann wieder verdurstet, weil das Wasser unten abläuft ...

Aber ich will ja nicht Richtung wörscht Käs denken, sondern einfach nur sachlich ...

Falls ich hier wirklich nicht mehr aus eigener Kraft herauskomme, muss ich irgendetwas Essbares auftreiben. Die Leute meinen sowieso immer, ich wäre viel zu dünn. Aber findet mal etwas in einer abgeschlossenen Plastiktoilette, was dich satt macht! Von Zunehmen will ich ja hier erst gar nicht reden. Draußen auf der Wiese stehen viele essbare Kräuter, vom Löwenzahn über Sauerampfer bis zur Brennnessel. Löwenzahn ist zwar außergewöhnlich anspruchslos und wächst oft sogar aus Betonritzen hervor, aber durch den Kunststoffboden hindurch schafft der es nun doch nicht. Hier drinnen wächst absolut nichts, null, nicht die Bohne! Werde ich also verhungern?

Vielleicht doch nicht – ich sehe da etwas, was mir neuen Mut macht, ein rosaroter Hoffnungsschimmer am silbernen Horizont!!!

EIN NIEDLICHER SURVIVAL-SNACK – ODER: WIE VIEL KILLER STECKT IN MIR?

Am Rande des kleinen Waschbeckens sehe ich ein fettes, wohlgenährtes, ausgewachsenes Prachtexemplar von einem SILBERFISCH!

Als Kind hab ich so gerne die kleinen, salzigen Fischlis gegessen, ein Knabbergebäck aus den Siebzigern. Die gab's aber nur zu Geburtstagen und anderen Feierlichkeiten.

Nun gut, so ein Silberfischchen ist jetzt nicht gerade ein Partysnack. Es geht ja hier auch nicht in erster Linie um Genuss. So ein Tierchen bedeutet in einer solch lebensbedrohlichen Lage keine leckere Gaumenfreude, sondern ganz einfach nur: eine Riesenportion kostbares Eiweiß! Reicht vielleicht für zwei Tage, wenn ich mir das Fleisch gut einteile ... Und wer weiß, womöglich ist der Kleine nicht alleine, bestimmt lebt er hier in einem ganzen Silberfische-Schwarm! Nicht ausgeschlossen, dass es hier noch andere Arten von Wild gibt, etwa – Kellerasseln! Dazu ein schönes Glas Beaujolais – fast schon wie Weihnachten. Also wirklich, meine Fantasie geht langsam mit mir durch!

Das kann ich doch gar nicht alles essen. Absolut unmöglich, das käme für mich überhaupt nicht in Frage – als überzeugter Vegetarier!

Ich kann doch nicht meine ganzen Prinzipien über Bord werfen, nur weil ich gerade mal in Lebensgefahr bin.

Seitdem ich damals einmal einen Frosch überfahren habe mit meinem Fahrrad, esse ich keinen Frosch mehr. Aber auch keine anderen Tiere, in denen Fleisch ist.

Vor lauter Hunger hätte ich das beinahe vergessen. Da sieht man wieder einmal, was die Not aus einem Menschen machen kann. Er wird zu einer Bestie, zu einem blutwurstünstigen Monster! Wer weiß – nach einer weiteren Woche hier drinnen würde ich in meiner Verzweiflung vielleicht sogar einen Menschen aufessen können? Wäre ich dazu wirklich in der Lage?

Nein, ich glaube, über diese Grenze könnte ich wahrscheinlich niemals gehen; auch in der allergrößten Not könnte ich keinen Menschen essen, zumindest niemanden aus meinem Bekanntenkreis. Noch nicht einmal meinen Architekten!

Aber den Silberfisch, hmm – Fisch esse ich ja noch hin und wieder. Nur wie soll ich denn jetzt, ich meine, ich habe ja noch nie geschlachtet, für sowas bin ich viel zu feinfühlig. Ich habe mir schon den Kopf darüber zerbrochen, wie ich die Wiese hier mähen kann, ohne den vielen Grashüpfern wehzutun oder sie gar versehentlich zu massakrieren. Es wird mir da nichts anderes übrig bleiben, als sie vor dem Mähen alle einzeln einzusammeln und vorübergehend in Schutzhaft zu nehmen.

Vielleicht jetzt einfach in den Mund mit dem kleinen Silberfisch und ohne Kauen runtergeschluckt, dann merkt er womöglich gar nichts davon. Kann sein, dass er's sogar überlebt! Dann könnte ich ihn nochmal essen! Damit hätte ich dann die doppelte Kalorienmenge!

Hach, nein – das brächte ich ja eh nie übers Herz. Zumal ich dem kleinen Fratz tief in die Augen geguckt habe. Und damit bin ich mit ihm emotional schon viel zu sehr verknüpft, um ihn essen zu können.

Viel lieber wäre mir jetzt natürlich ein traditionelles hessisches Gericht nach Art meiner Oma. Wobei sich hessische Gerichte übrigens auch sehr gut mit der indischen

Küche kombinieren lassen. Kein Wunder, die klassische Frankfurter Grüne Soße, ein typisches Fastengericht aus meiner Heimat kommt wahrscheinlich ursprünglich aus Indien und war eigentlich einmal ein Curry. Oder umgekehrt. Aber das Beste wäre jetzt einfach ein frischer, gehaltvoller, köstlicher Löwenzahn-Salat!

Maddins knaggischer Löwenzahn-Salat mit Pellkartoffeln

Zutaten:

2 Teelöffel Senf
100 ml Gemüse-
brühe
2 Teelöffel Sesamöl
3 hart gekochte Eier
1 kleine rote Zwiebel
3 Pellkartoffeln
350 g Löwenzahn,
zarte Blätter

eine Handvoll gelbe
Löwenzahnblüten
ein halber Bund
Petersilie
1 Zehe Knoblauch
Salz
Pfeffer

Zubereitung:

Die Löwenzahnblätter und die Blüten für kurze Zeit zum Reinigen in Salzwasser legen, danach trocknen und in eine Schüssel geben. Die noch warmen Pellkartoffeln in dünne Streifen schneiden und dazugeben. Die hartgekochten Eier in Streifen schneiden und ebenfalls dazugeben.

Die rote Zwiebel, die Knoblauchzehe und die Petersilie klein hacken und darüber verteilen.

Für die Sauce das Walnussöl, den Senf und die Gemüsebrühe verrühren. Die Sauce über die anderen Zutaten gießen, die hart gekochten, möglichst noch warmen Eier und die Pellkartoffeln in der Sauce zerdrücken. Den Salat nun mit den gelben Löwenzahnblüten dekorieren.

GUTE GRÜNDE, DAS LEBEN AUCH IM DIXI-KLO ZU FEIERN!

Das Thema Essen stelle ich jetzt einfach mal zurück. Warum immer an etwas denken, was nicht da ist? Sich etwas wünschen, was man nicht hat? Klüger ist es, sich bewusst zu machen, was man alles hat. Das Schöne und Schnuggelische wertschätzen!

Genau darum geht es. Und das mache ich jetzt auch. Ich zähle all das auf, was subbär ist.

Ein schöner Umstand ist auf jeden Fall, dass ich nicht frieren muss. Warm genug ist mir ohne Zweifel. Wären die Temperaturen im Minusbereich – ach, du jemine! Dann würde ich mir hier einen abschlottern! Aber nein, ich friere absolut nicht! Klasse! Toll!

Vor lauter Freude reiße ich jubelnd beide Arme hoch und fange an zu singen:

»Schön ist die Welt, wenn das Glück dir ein Märchen erzählt!«

Was noch?

Ein weiterer Grund, froh und dankbar zu sein: Meine wirklich außergewöhnlich gute, hervorragend funktionierende Verdauung. Man muss sie geradezu als eine Top-Verdauung bezeichnen. Was da täglich auf Örtchen wie diesen hier passiert, geschieht bei mir mit einer sagenhaften Leichtigkeit. Und wenn ich nicht mal in ganz seltenen Fällen wie heute viel Stress habe, punkte ich auch mit einem sensationellen Timing. Pünktlich morgens um 7:00 Uhr hört man mich jubeln.

Eigentlich sollte man das jeden Morgen mit einem kleinen Freudentanz feiern!

Was auch noch eine tolle Sache ist hier: Kein Lärm und kein Krach weit und breit. Eine geradezu erholsame, friedliche Stille. Die zum Meditieren einlädt. Keine störenden Geräusche von vorbeifahrenden Lastwagen, startenden oder landenden Flugzeugen. Keine Panzer, die vorbeidonnern und das Klohäuschen zum Wackeln bringen. Keine Bomben, die über mir abgeworfen werden. Seit 76 Jahren sind keine Bomben mehr gefallen in Hessen, ist das nicht fantastisch?

Außerdem hab ich die besten Freunde, die man sich wünschen kann, allen voran der liebe Hans Jörg, den ich schon in vierter Generation als Freund habe. Schon unsere Urgroßväter waren prima Kumpels, was uns umso enger zusammenschweißt.

Und ich habe natürlich auch noch eine fantastische Freundin, die mich unglaublich liebt. Okay, sie hat sich gerade von mir getrennt – aber das war ja nur aus Versehen.

Hach, das Leben hat es bis jetzt wirklich gut mit mir gemeint! Was ich schon so alles Schönes erlebt hab'! Alles, was jetzt noch kommen würde, wäre eine bloße Zugabe! Bonusdreck!

Ich sollte hier wirklich die Gelegenheit nutzen, mich einmal entspannt und zufrieden zurückzulehnen, an die blaue Toilettenwand, und in Ruhe über das Leben nachdenken. Ich kann es nicht anders sagen: Ich bin ein absolutes Glückskind, dass mir das hier passiert ist!

Wenn ich so über das Leben und das Glück sinniere, fallen mir dazu automatisch zwei Mitglieder meines Stammbaums ein, denen das Schicksal megahold war. Dieses Klosett verursacht bei mir wirklich einen Erinnerungsdurchfall nach dem anderen, und es rumort ganz gewaltig in meinen Gehirngängen.

Obwohl Pippi Langstrumpf damals noch nicht geboren war, lebten die beiden Urahnen bereits nach dem Motto: »Ich mach mir die Welt, wie sie mir gefällt!« Eine einzige schicksalhafte Begegnung reichte dann, um ihren Leben eine fantastische Wendung zu geben.

Ungefähr so wie ich damals, als ich den Lach-Baba getroffen habe und ich von da an wusste: Es gibt eine tiefe Verbindung zwischen der Weisheit Indiens und dem uralten Wissen der Hessen.

So ähnlich war es auch bei meinen beiden Urahnen, nur verband sich ihr Schicksal mit dem Schicksal des roten

Mannes in Amerika. Die beiden Glückspilze hatten bei ihrer Geburt schon das Glück, nicht alleine auf die Welt zu kommen. Sie waren nämlich zu zweit und als eineiige Zwillinge ein Leben lang aufs Engste miteinander verbunden.

Meine Urururgroßeltern hatten schon zwei Söhne, die sie nach ihren Großvätern Justus und Jörg nannten. Als dann die beiden Zwillinge noch dazukamen, sollten auch sie die Namen der Großväter tragen – also nannte man sie dann kurzerhand Jörg-Justus und Justus-Jörg. Das Außergewöhnliche ihrer doppelten Geburt und ihrer witzigen Namensgebung setzte sich in einem für die damalige Zeit außergewöhnlichen Leben fort. Als junge Burschen waren sie der festen Überzeugung, das Leben müsse für sie noch mehr bieten als Heu machen und Kartoffeln ernten. Über eine begüterte Tante kam die Familie in den Besitz eines kleinen Papiertheaters. Damit spielten Jörg-Justus und Justus-Jörg mit Begeisterung die ganzen Papier-Theater-Hits des 19. Jahrhunderts, wie »Rotkäppchen und der böse Wolf« oder »Max und Moritz«. Sie hatten aber auch schon Berichte und Bücher über Amerika gelesen, dessen Bevölkerung vor allem aus Indianern und ausgewanderten Hessen bestand. Sie bastelten sich dann selber aus Papier Indianer und Cowboys und spielten mit ihnen ihre selbst ausgedachten Wildwest-Geschichten. Ihre beiden Brüder Jörg und Justus waren dabei immer begeisterte Zuschauer.

Zu dieser Zeit war die berühmte *Buffalo Bill's Wild West Show* auf Europa-Tournee. Die erste deutsche Stadt, in der

die Show gastierte, war München. Die beiden Wildwest begeisterten Zwillinge aus Hessen bekamen Wind davon, dass der »Ochsen-Willi« mit seiner Show in Deutschland ist. Sie schafften es, genug Geld für eine Zugfahrkarte von Frankfurt nach München zusammenzubekommen. Den Kontrolleur führten sie mit ihrem Ticket an der Nase herum, weil sie sich immer wieder gegenseitig das Ticket heimlich zusteckten. Der Schaffner erkannte nicht, dass es sich immer um ein und dieselbe Fahrkarte handelte, weil ja auch ihre Namen zum Verwechseln ähnlich waren. Denselben Trick machten sie mit dem Eintrittsticket für die *Wild West Show*, dafür hatten sie ja auch nur eine Karte. Für eine Zuschauernummer meldeten die beiden sich freiwillig und durften zu zweit auf einer wilden Kuh reiten.

Das gefiel dem »Ochsen-Willi« so gut, dass er Jörg-Justus und Justus-Jörg für die restlichen Tage als Cowboy-Zwillinge in die Show einband. Zwei andere Cowboys waren passenderweise gerade mit zwei bayerischen Oktoberfest-Bedienungen durchgebrannt.

Sie bekamen einen Schnellkurs in »Lassowerfen und Indianer-mit-Platzpatronen-Abknallen« und dann ging's los.

Und da die beiden wussten, wie man möglichst lange oben auf einer Glückssträhne surfen kann, kam das nächste Angebot für sie gleich hinterher. Eines Abends kam nach einer Veranstaltung ein älterer Mann auf die zwei zu. Anfangs hielten sie ihn für den Vater eines der Indianer-Darsteller. Der alte Mann war kaum zu verstehen, der sprach bestimmt Indianisch, dachten die beiden. Wie sich aber später herausstellen sollte, handelte es sich um Sächsisch, das ja tatsächlich beim ersten Hinhören einem bestimmten Dialekt der Oglalla Sioux ähnelt. Was die beiden Brüder aber dann schließlich aus dem ganzen Genuschel heraushören konnten, war eine weitere Sensation: Der Herr war niemand anderes als der Schriftsteller Karl May, der allerdings in Burgholzhausen noch nicht ganz so berühmt war. Herr May war nach München gereist, um sich die *Wild West Show* anzusehen. Er suchte Inspiration für sein neues Werk. Und als er die Zwillinge sah, kam ihm die Idee, sie zu sich nach Hause einzuladen. Er wollte an ihnen ein paar neue Kostüme ausprobieren und eine kleine Privatshow in seinem Hause inszenieren. Da Kost und Logis frei waren, ließen sich Justus-Jörg und Jörg-Justus freudestrahlend auf das kleine Abenteuer ein. Der Schriftsteller ließ dann dreimal die Woche in seinem Wintergarten eine Art »Mini-Wild-West-Improvisationsshow« abhalten. Damit wollte er sich Ideen für seine nächsten Bücher holen. Die Jungs ließ er ihr Hessisch reden, was ihm genauso wild und ungezähmt vorkam wie die Laute der Prärieindianer. Eines Abends steckte er den einen in ein ledernes Trapper-Kostüm und den Bruder in ein Apachen-Outfit. Das gefiel dem Sachsen so gut, dass er die beiden danach noch auf ein Bier und eine Runde Skat einlud. Da meinte Justus-Jörg: «Ich glaub nett, dess ich da gewinne tu!» Als der Hausherr diesen Satz hörte, wollte er ihn unbedingt noch mal hören und dann noch einmal. Dann rief er jubelnd:

»Winnetou! Das ist er! So heißt er, der große Häuptling der Apatschen!«

»Heh?«

Justus-Jörg und Jörg-Justus müssen sich wohl ungläubig angeguckt haben. Aber Hauptsache, ihr Chef war guter Laune und spendierte noch 'ne Runde Bier und 'ne Zigarre für jeden.

Dass es aber den berühmten Apachen-Häuptling Winnetou wahrscheinlich ohne meine beiden Vorfahren und ihr breites Hessisch nicht gegeben hätte, ist mal wieder niemandem bekannt. Zumindest hätte er keinen solch klangvollen Namen. Aber ich glaube, den beiden Brüdern ging es nicht um Ruhm und Wikipedia. Sie erkannten das Leben als Geschenk an und jeden weiteren Tag als Zugabe, den sie in vollen Zügen – wenn auch manchmal nur mit einer Fahrkarte – genossen. Vor allem sahen sie das Leben als ein Spiel an. Und dieses Spiel wollten sie sogar bis über ihren Tod hinaus spielen. Wie das gehen sollte? Tja, die beiden haben sich gegenseitig ein ganz besonderes Versprechen gegeben. Jeder versprach dem anderen hoch und heilig, im Falle seines Ablebens dafür zu sorgen, dass er im Kostüm des legendären Apachen-Häuptling Winnetou in den Sarg kommt.

Jörg-Justus ereilte der Tod zuerst, infolgedessen war sein Zwillingsbruder gefordert, ihn als Winnetou einzusargen.

Die Sache lief zuerst auch ganz nach Plan. Justus-Jörg bestach kurz vor der Beerdigung den Bestatter mit einer Flasche Birnenschnaps und konnte dem Toten rechtzeitig die gewünschte Apachen-Tracht plus Perücke überziehen. Die Geschichte wäre fast aufgeflogen, nachdem ein Trauergast eine schwarze Locke aus dem Sarg heraushängen sah. Der gewiefte Bruder schnitt kurzerhand die Locke einfach mit seinem Taschenmesser ab, und Winnetou wurde, von der Weltöffentlichkeit unbemerkt, auf einem hessischen Friedhof in schönster Apachen-Kluft beerdigt.

KAPITEL 5:
WAS HAB ICH NUR FÜR'N KARMA?

Na gut, jetzt hab ich erst mal wieder genug in schönen Erinnerungen geschwelgt. Aber wenden wir uns mal wieder der Gegenwart zu – die ist nach wie vor eng und stickig.

Eine Frage schwebt da doch noch im Raum, nämlich die Schuldfrage. Wer trägt denn die Verantwortung für dieses ganze Dixi-Klo-Schlamassel? Das liegt doch jetzt wirklich ganz eindeutig auf der Hand: Natürlich Jeannette!!! Oder etwa nicht? Hätte sie sich nicht mit mir gestritten und so komische Dinge gesagt, von wegen Rock und Roll und so – dann wäre sie jetzt noch hier und könnte mir aus der Patsche helfen!

Hätte ich andererseits auf sie gehört, wäre sie auch nicht weggelaufen und könnte mich befreien.

Hab ich am Ende vielleicht selbst etwas falsch gemacht? Oder etwas nicht richtig?

Man darf als Mann nicht zu rechthaberisch sein. Auch Frauen haben in Streitgesprächen manchmal recht. Das haben mittlerweile schon mehrere Studien bewiesen. Hans Jörg würde jetzt sagen, ich dürfe Jeannette auf keinen Fall von diesen Studien erzählen ...

Vielleicht habe ich ihr Unrecht getan?

Ach je! Wie oft hab ich schon Mist gebaut in meinem Leben! Mein Sündenregister ist unüberschaubar lang. Da wird beim Jüngsten Gericht einiges zu verhandeln sein!

In meiner kindlichen Fantasie stellte ich mir als kleiner Junge das Jüngste Gericht so vor: Ein speziell dafür ausgebildeter Spionage-Engel wird nach Burgholzhausen in Hessen gesandt mit der Aufgabe, mein ganzes Leben heimlich zu filmen – damals noch nicht digital, sondern auf Super 8. Und dann später, nach meinem Tod, würde ich dazu gezwungen, mir die schlimmsten und peinlichsten Szenen anzugucken! Schon damals war das eine grausame Vorstellung für mich.

Der Spionage-Engel 0017 vom himmlischen Geheimdienst – oder: Graue Wolke kommt nach Burgholzhausen und observiert Maddin

Es war im Sommer am letzten Schultag vor den großen Ferien. In der dritten Stunde bekamen wir von unserer Klassenlehrerin Frau Baumgart die Zeugnisse. Danach ging ich wie immer die Hälfte des Heimwegs zusammen mit meinem Freund Peter. Wir sind ganz dick befreundet und haben auch schon viel zusammen angestellt. Sein Opa und mein Opa waren früher auch schon Freunde gewesen, und die haben noch viel schlimmere Streiche angestellt als wir. Aber wir wollen natürlich mindestens ge-

nauso schlimm sein wie unsere Opas. Peter ist dann da reingegangen, wo er wohnt.

Den Rest bin ich alleine gelaufen. Als ich an der Bäkkerei vorbeigekommen bin, merkte ich, dass jemand hinter mir war. Da drehte ich mich um und dann habe ich einen Mann gesehen und der filmte mich mit einer Filmkamera. Er hat sich danach aber schnell in Luft aufgelöst, obwohl ich nicht weiß, wie so etwas geht. Das war wohl ein Zauberer oder ein Gespenst oder sowas! Komisch, um diese Uhrzeit. Am Nachmittag habe ich dieses Männchen zum zweiten Mal gesehen. Es hatte eine silberne Uniform an und beobachtete mich durchs Fenster, wie ich gerade eine halbe Tafel Alpenmilch-Schokolade aus der Nachttischschublade meiner Schwester klaute. Dabei hat es mich auch gefilmt. Ich hatte für eine Zeitlang meine Schwester in Verdacht, dass sie dahintersteckte. Vielleicht so ein Privatdetektiv, der kontrollieren sollte, wie viel Schokolade ich ihr heimlich wegnehme. Dabei isst sie die gar nicht so gerne wie ich. Dann habe ich den Kerl am Sonntagvormittag gesehen. Da hätte ich wieder in den Kinder-Gottesdienst gehen müssen, bin aber kurz vor der Kirche heimlich zum Peter, in sein Haus. Der hat eine große Rennbahn im Keller aufgebaut und das macht uns Buben natürlich mehr Spaß, als in die Kirche zu gehen. Ich schwöre es euch: Sogar beim Peter im Keller ist das Männchen gewesen und hat mich beim Spielen gefilmt! Aber immer, wenn ich es entdeckte, war es sofort wieder verschwunden. Verdammt, ich wollte wissen, wer das ist. Und warum filmt es mich dabei, wenn ich den Kinder-Gottesdienst schwänze? Es dauerte bis Weihnachten, bis ich das geheimnisvolle Kerlchen wieder sah. Ich hatte mich noch kurz vor der Bescherung in das Weihnachtszimmer geschlichen. Die Geschenke für alle aus meiner Familie und auch die für Oma und Opa und Onkel Albert und Tante Käthe lagen schon eingepackt unterm Christbaum. Ich hatte mir einen besonders lustigen Streich überlegt und alle Namenszettelchen an den Geschenken vertauscht. Das gibt ein tolles Durcheinander! Jetzt könnt ihr raten, wer mich dabei wieder gefilmt hat? Aber dieses Mal habe ich die Verfolgung aufgenommen und bin raus auf den Hof bis zur Wiese hinter dem Haus gelaufen. Es hat Schnee gelegen und ich konnte eindeutig seine Spuren erkennen. Ich bin den Spuren so lange nachgelaufen, bis ich zu der Stelle kam, wo ein silberner Hubschrauber mit roten Streifen stand. Der wollte gerade wegfliegen, als ich ankam. Als der Pilot mich sah, machte er die Hubschraubertür auf und fragte: »Willst du mitkommen?« Eigentlich musste ich ja gleich zurück sein zur Bescherung. Aber ich sagte: »Ja, ich will mit.« Dann bin ich in den Hubschrauber eingestiegen und wir sind abgehoben und weggeflogen.

»Ich bin Agent 0014 vom Himmlischen Geheimdienst. Du kannst aber auch Gabriel zu mir sagen.«

»Und warum hast du mich immer dabei gefilmt, wenn ich Dummheiten gemacht habe?«

»Weil ich Beweise sammeln muss.«

Der Geheimagent ist mit mir dann über die Wolken geflogen und dann sind wir bald an der Zentrale angekommen. Die war auch ganz aus Wolken gebaut. Wir sind beide ausgestiegen und Gabriel hat mir alles gezeigt. Überall saßen Engel und guckten sich Filme an, so wie in einem riesengroßen Kino.

»Hier die sind alle nur für Hessen zuständig. Da wird ganz schön was zusammengesündigt.«

»Für was sammelt ihr das denn alles?«

»Das gibt alles Punkte, und die sammeln wir für das Jüngste Gericht«, sagte Gabriel.

»Hab ich denn schon sehr viele Punkte?«

»Ja, aber Kinderpunkte zählen nicht so viel wie von den Erwachsenen.«

Das hat mich wieder einigermaßen beruhigt. »Dann kann ich ja weiter meiner Schwester Schokolade klauen!«

»Aber pass auf! Wenn du zu viele Punkte bekommst, wirst du das ganz schön bereuen.«

»Was passiert denn dann?«

»Dann geht es dir wie dem da!«

Ein Junge wurde von zwei Engeln in den Kinosaal geführt und dort an einem Sitz festgekettet.

»Jetzt muss er sich selbst alle schlimmen Dinge auf der Leinwand ansehen, die er bis jetzt gemacht hat. Ich sage dir, das ist ganz schön peinlich. Niemand hält das aus, ohne jämmerlich zu weinen.«

»Na gut, dann bleib ich halt nur so schlimm, wie ich bin, und werde nicht noch schlimmer.«

Der Junge fing schon gleich bei dem ersten Film an zu heulen. In dem Film war er zu sehen, wie er gerade der Puppe von seiner kleinen Schwester den Arm ausriss. Jetzt stellte er sich gerade genauso an, als ob man ihm selbst einen Arm ausgerissen hätte ... Aber das war bestimmt alles Züscho!

In dem Moment bekam ich auf einmal einen Riesenschreck: »Oh je! Ich muss ja schnellstens wieder zurück!«

»Warum denn?«

»Na, sonst verpasse ich doch die Bescherung!«

»Kein Problem«, sagte Gabriel. »Ich bringe dich rechtzeitig zurück.«

Gesagt, getan. Daheim gab es eine ganz tolle und lustige Bescherung, weil ich ja vorher die Schildchen vertauscht hatte. Das war was!

Und ich will euch mal was sagen: Das würde ich mir da oben wirklich gerne noch mal ansehen! Ich würde mich bestimmt noch einmal drüber kaputtlachen! Von wegen Heulen! Ich doch nicht!

Aber seit ein paar Jahren ist das mit dem Jüngsten Gericht praktisch überflüssig geworden. Heute muss man nur mal ins Internet schauen, und schon sieht man auf Facebook und überall die peinlichsten Aufnahmen von einem selbst. Nicht nur der liebe Gott sieht uns zu bei unseren Verfehlungen – das ganze Netz! Jeder kann alles von uns anklicken. Und wie sagt man: Das Netz vergisst nie! Der liebe Gott hätte es bestimmt irgendwann mal gelöscht.

Wer weiß, was man da schon alles von mir sehen kann!

Gut, dass es noch kein Internet gab, als mir das mit dem Frosch passiert ist.

Da muss ich ungefähr elf gewesen sein. Genau, es war an meinem elften Geburtstag. Mein Geburtstagsgeschenk, über das ich mich gefreut habe wie ein König, war ein funkelnagelneues, eidottergelbes Bonanza-Fahrrad. Freudestrahlend und voller Begeisterung bin ich damals über unseren Hof gefahren, über die Wiese und dann über den Frosch. Meine ältere Schwester hat ihn schnell noch in die stabile Seitenlage gebracht. Und seine Zunge herausgezogen, damit er nicht erstickt. Leider hat aber alles nichts mehr geholfen, der arme Frosch verstarb noch am Unfallort ...

Tja, und jetzt stecke ich in diesem Dixi-Klo und bin selbst vom Tode bedroht. Und klar, man will ja schließlich auch mit einem reinen Gewissen diese Welt verlassen. Das heißt für mich jetzt, dass ich das, was ich dem Frosch angetan habe, in irgendeiner Weise wiedergutmachen muss! Nur wie? Was könnte ich tun?

Idee! Falls ich hier jemals wieder heil herauskomme, grabe ich einen Froschtunnel unter die Straße vor meinem Haus. Und ich zahle in einen Froschwaisen-Fond ein. Der soll dann Froschkindern zugutekommen, deren Eltern von einem Auto oder einem Fahrrad überrollt wurden. Damit hätte ich doch bestimmt meine Schuld wieder ausgeglichen?

Ein anderes schlimmes Ereignis aus meiner Jugendzeit belastet meine Seele ebenso noch bis auf den heutigen Tag. Es hängt mit unserem Mathelehrer aus der fünften Klasse zusammen, dem strengen Herrn Häuser. Gerade bei schönem Wetter hatte ich damals natürlich oft Besseres zu tun, als die doofen Mathehausaufgaben zu erledigen. Unglücklicherweise hatte Herr Häuser aber die Angewohnheit, während fast jeder Unterrichtsstunde in der ganzen Klasse reihum zu gehen und zu kontrollieren, wer vielleicht nicht die Hausaufgaben gemacht hatte.

Ich werde nie vergessen, als er einmal erst ganz zum Schluss der Stunde zu den Hausaufgaben kam. »Hat sie jemand nicht gemacht?«, fragte er in die Klasse.

Es war schon sehr spät und in jedem Moment musste das Pausenklingeln ertönen. Obwohl ich die Hausaufgaben nicht hatte, meldete ich mich nicht. Ich dachte natürlich, dass es zu spät für ihn wäre, es noch zu überprüfen und von Platz zu Platz zu gehen. Schon erklang auch das erlösende Klingeln. Aber was macht dieser unberechenbare, gnadenlos strenge Mathe-Lehrer? Er ignoriert vollkommen den Pausen-Alarm und macht noch einmal in aller Seelenruhe seinen Kontrollgang durch die Klasse!!! Da war ich natürlich geliefert. Aus lauter Panik hab ich schnell noch meinen Arm hochgerissen, was er aber nicht mehr registriert hatte. Als er dann hinter mir stand und ich seinen Atem in meinem Nacken spürte, schlug mir das Herz bis in den Hals: »Ich hab mich aber noch gemeldet!«

»Du lügst! Du Dorftrottel! Du Bauerntrampel! Du Rotznase!«

Batsch – hatte ich seine fünf Finger im Gesicht, seine Ohrfeige hat mich fast vom Stuhl gehauen. Ich muss kreidebleich gewesen sein und kurz vor der Ohnmacht.

Hätte man mich eines Mordes überführt, ich hätte mich nicht schuldiger fühlen können als in diesem schrecklichen Moment. Was für eine Schande brachte ich da nur über meine Familie! Meine sämtlichen Ahnen würden sich bestimmt vor Ärger im Grabe rumdrehen.

KANN DENN LIEBE SÜNDE SEIN? JA!

Es gibt noch andere Delikte von mir, die man eventuell vors Jüngste Gericht bringen könnte. So hatte ich einmal ein erotisches Abenteuer mit der Freundin meines besten Freundes Hans Jörg! Bevor ihr jetzt aber gleich vor lauter Empörung dieses Buch in die Ecke schmeißt, lasst mich bitte erklären, wie das gekommen ist.

Diese äußerst pikante Situation ergab sich nämlich halb durch ihr Zutun und halb gegen meinen Willen. Ich konnte also praktisch überhaupt nichts dafür und war nur ein Spielball ihrer Lust. Ich kann mich noch sehr genau an den Tag des Geschehens erinnern.

Mein Freund Hans Jörg und seine damalige Freundin Claudia hatten mich bei sich zuhause zum Abendessen eingeladen. Es gab frischen Spargel, Kartoffeln und Lachs.

Dazu einen herrlichen Beaujolais. Wie es halt immer so zugeht in solch geselliger Runde wurde viel geredet, gelacht und getrunken. »Bleib doch heute Nacht hier bei uns, dann kannst du auch ein Schöppchen mehr trinken!«, lud mich Claudia zum Bleiben ein. Da ich als Gewohnheitstier wie jeden Abend um 22:30 Uhr im Bett liegen wollte, nahm ich das Angebot an. Ansonsten wäre ich sicher nicht pünktlich zuhause gewesen mit öffentlichen Verkehrsmitteln. Von uns dreien trank der gute Hans Jörg am zügigsten und hatte dementsprechend auch am schnellsten die Rotweinlampe an. Er war, um es mal richtig beim Namen zu nennen, in Kürze *sackrabennachtvoll!* Deshalb lag er auch schon bald auf der Couch und döste vor sich hin. Seine Claudi hingegen war noch recht unternehmungslustig. Aber auch sie hatte nicht nur an dem Rotwein genippt, sondern sich sehr gütlich daran getan, und der Alkohol zeigte bei ihr eine deutliche Wirkung. Und zwar erkannte ich, als Mann, bei ihr ganz eindeutig: Anzeichen von körperlicher Lust! Als Symptom ihrer Wollust hatte sie beispielsweise total glasige Augen. So glasig wie eine fette Hühnersuppe!

Da ist man als erfahrener Mann natürlich sofort gewarnt: Vorsicht, hier kommt ein unkontrolliertes Sexbedürfnis zum Vorschein! Und dann passierte es. Es war wohl unvermeidbar. Obwohl es so unvorstellbar war und so unglaublich! So unfassbar, was sie mich da plötzlich gefragt hat.

Ich habe es noch genau im Ohr, wie sie – die Freundin meines besten Freundes! – mit ihrer etwas heiseren

Stimme zu mir sagte: »Darf ich dir einen Gute-Nacht-Kuss geben?«

Ihr könnt euch denken, wie mir das erst mal die Sprache verschlagen hat!

Diese Frage hatte mir zuletzt einmal mit zwölf Jahren meine Tante Gisela gestellt, als ich in den Ferien bei ihr im Westerwald zu Besuch war. Natürlich fand ich das total doof und peinlich, weil ich ja schon fast erwachsen war!

Aber die Claudi war weder irgendwie mit mir verwandt, noch hatte sie aus irgendeinem anderen Grund das Recht, mir einen Gute-Nacht-Kuss zu geben. Ich musste also jetzt ganz genau abwägen, ob ich ihr das erlauben kann oder nicht. Am Ende erlaubte ich es ihr dann, indem ich zu ihr sagte: »Okay, ist genehmigt! Aber nur auf die Backe!«

Dann habe ich ihr freundschaftlich meine rechte Backe hingestreckt – doch was hat sie getan? Ihr werdet es nicht glauben, und ich selbst könnte es heute immer noch nicht glauben, wenn ich nicht selbst dabei gewesen wäre! Sie hat einfach mit einer blitzschnellen Bewegung meinen Kopf wieder um 45 Grad zurückgedreht und mich voll auf die Lippen geküsst!! Ach, was sage ich; sie hat mich praktisch durch die Lippen hindurch geküsst!! Hat mir die Zunge bis fast an die Mandeln gestreckt!!

Mich abgeknutscht wie eine rollige Elchkuh!!

Toll!!! Absolut spitze und höchst professionell!!!

Ich gebe zu, das war das Sinnlichste, was ich seit Jahren erlebt hatte! Deshalb setzte bei mir auch für einige Minuten das Denken komplett aus, und wir knutschten uns ab wie zwei verliebte Orang-Utans!

Plötzlich meldete sich aber meine Vernunft zurück.

Was passiert denn eigentlich hier gerade? Was macht sie denn da mit mir??

Moment einmal – das ist doch kein Gute-Nacht-Kuss mehr ...!

Die Claudi ist ja richtig bei mir am Schlappern! Die kann mich doch nicht einfach ohne Erlaubnis abschlappern!! Die hat doch einen Freund! Und der ist noch dazu mein bester Kumpel! Und liegt gerade mal drei Meter weit von uns entfernt auf der Couch!!!

Oh, oh, oh, oh, oh ....!

In diesem Moment ist mein Maddinshorn angesprungen: Tatütatütaütatü!

Nein! Das darf einfach nicht sein, was hier gerade passiert! Nein! Nein! Nein! Nein! Nein! Nein! NEIN!

Obwohl – warum eigentlich nicht?

Ich musste es ja auch einmal von der anderen Seite her betrachten: Es war doch schließlich immerhin auch ein Zeichen von Gastfreundschaft, was sie mir anbot. Und alles, was man aus Gastfreundschaft angeboten bekommt, darf man nicht einfach so ausschlagen. Dies wäre eine große Beleidigung! Und ich kann doch nicht die Freundin meines besten Freundes beleidigen, das wäre ja eine Super-Beleidigung!

Und wisst ihr, wer mir in diesem Moment eingefallen ist? Meine Oma! Die sagte in solchen Situationen immer:

> »Wenn's Griesbrei reeschent,
> muss mer sei Löffel raushole!«

Das hab ich dann auch gemacht.

Klar, wenn man schon so schönes Tafelgeschirr im Schrank hat ...

Natürlich sind wir dann ins Nebenzimmer gegangen, um den schlafenden Hans-Jörg nicht zu stören. Wir waren wirklich äußerst rücksichtsvoll.

Und am nächsten Morgen war auch wieder alles ganz wunderbar. Alle fühlten sich gut erholt und entspannt. Der liebe Hans Jörg hat dann für uns alle Brötchen geholt und Rühreier gekocht, also wirklich ein ganz prima Freund, da lässt sich überhaupt nichts sagen!

Sollte ich aber irgendwann wieder einmal lebendig aus dem Dixi-Klo herauskommen, werde ich meinem lieben Freund diese Geschichte beichten.

Auf jeden Fall!

Bestimmt.

Vielleicht ...

DEPPENRESONANZ - ODER: IMMER WIEDER DIESELBE TRAUMFRAU

Manchmal frage ich mich, warum Jeannette und ich überhaupt zusammengekommen sind, wo wir doch so unterschiedlich sind. Heute erklärt man das ja alles mit dem *Gesetz der Resonanz*. Ihr habt bestimmt schon mal beobachtet, dass bestimmte Menschen, die bestimmte Gedanken denken, bestimmte andere Menschen, die bestimmte ähnliche Gedanken denken, wie sie selbst, mit ihren Gedanken magnetisch anziehen. Deshalb hat man immer wieder das Gefühl, man ist dauernd von denselben Idioten umgeben. Bei einem Jahrgangstreffen sagte mir vor Kurzem ein ehemaliger Klassenkamerad: »Du, ich weiß nicht, was das ist: Ich hab immer tolle Freundinnen, total süß und sexy. Und lieb sind sie auch und nett. Aber seltsamerweise haben sie alle auch eine andere Sache gemeinsam: Sie sind dumm wie eine Scheibe Brot!«

Den Grund dafür konnte ich ihm dann erklären: »Das ist doch logisch, woran es liegt: Am Gesetz der *Deppenresonanz* – das besagt nämlich: Nur ein absoluter Volldepp zieht einen anderen absoluten Volldepp magnetisch an.«

Von daher ist es auch zu erklären, warum ich mit einer solch überaus intelligenten Frau wie Jeannette zusammengekommen bin. Unsere Intelligenzen haben sich mit aller Kraft angezogen.

Es gibt da aber auch eine Anziehungskraft, die auf Gegensätzlichkeit beruht.

So passiert es immer wieder, dass man Dinge in sein Leben zieht, die man eigentlich total doof findet. Nicht nur Dixi-Klos! Wobei es in meinem Fall sehr schwer ist, etwas zu finden, was mir bei Frauen so richtig auf die Nüsse geht.

Die können wegen mir sogar in der Nase bohren, stört mich gar nicht. Auch Bäuerchen können sie mal machen, das finde ich sogar goldig! Auch mal einen aus tiefster Seele herausrülpsen – fantastisch! Ich finde, das hat was! Selbst wenn sie mal einen streichen lassen möchten, bitteschön!

Meine Oma hat schon immer gesagt:

»Enn gude Forz is besser wie schlecht Musik!«

Bei körperlichen Angewohnheiten bin ich wirklich sehr aufgeschlossen und tolerant. Es gibt so gut wie nichts, was ich den Damen nicht durchgehen lasse.

Nur bei einer Sache kenne ich kein Pardon, die kann ich absolut nicht ausstehen, die macht mich wahnsinnig: Wenn sie schnarchen wie eine alte Häckselmaschine! Kkkkkrrrrrchchch!

Aber all meine bisherigen Freundinnen schnarchten, als wollten sie damit ins Finale von *Das große Sägen* kommen! Selbst die süße, goldige Jeannette, tagsüber ein *schnuggelisches Zuggerschnecksche* – wird nachts zu einem abartigen Schnarchmonster!

Bis auf den Dachboden bin ich schon mit dem Schlafsack geflüchtet, aber das Sägen drang durch zwei Decken hindurch, dass der ganze Dachstuhl vibrierte. Das einzig Gute daran war, dass es den Marder vertrieb.

Und jetzt verhält es sich ja tragischerweise in dieser Problematik so: Wenn einer von beiden nachts schnarcht und der andere nicht – wer von den beiden schläft garantiert zuerst ein?? Ganz genau: Eindeutig immer das Schnarchmonster! Der Hintern ist noch nicht richtig im Bett, schon ist der Kopf am Ratzen!

Mit sämtlichen Tricks, die mir einfielen, hatte ich versucht, meine liebe Bettnachbarin daran zu hindern, früher einzuschlafen als ich. Im Winter hab ich der Jeannette manchmal viel zu dünne Decken gegeben, die Heizung runtergedreht, bis auf unter minus fünf Grad Raumtemperatur, kein Effekt! Schnarcher sind die härteste und robusteste Art, die es auf diesem Planeten gibt. Vergleichbar im Tierreich höchstens mit Moschusochsen, die überleben auch unter härtesten Bedingungen in der arktischen Tundra.

Natürlich will ich jetzt hier weder über Schnarcher im Allgemeinen herziehen noch über Jeannette im Einzelnen. Ich muss auch dazu sagen, dass es Momente gibt, in denen Jeannette nachts *nicht* schnarcht. Ja, die gibt es definitiv auch. Dann knirscht sie nämlich.

Manchmal vermischt sich aber auch das Knirschen mit dem Schnarchen, dann ist es so eine Art *Knarchen*.

Ich sage es ungern, aber bei diesen Geräuschen flüchtet man als Bettnachbar fast lieber unter eine Autobahnbrücke zum Schlafen.

Es heißt ja, ein Mensch, der nachts mit den Zähnen knirscht, leidet an unterdrückten Aggressionen. Aber manchmal könnte man sich fragen, wer denn jetzt eigentlich Grund dazu hat, aggressiv zu sein. Derjenige, der nachts neben einem im Bett liegt, schläft und schnarcht und knirscht? Oder derjenige, der nachts nicht schlafen kann, weil derjenige, der da neben ihm liegt, tief und fest schläft, aber dabei unüberhörbar laut schnarcht und knirscht?

Die Sache wird für den Nichtschnarcher und Nichtknirscher in dem Moment einfacher, in dem er erkennt, dass er für seine Lage selbstverantwortlich ist.

Hätte er nicht so viel Abneigung gegen das Schnarchen, hätte er keine Schnarcherin in sein Leben gezogen. Anders gesagt: Hätte ich etwas gegen rothaarige Frauen mit Fleischwurst-Intoleranz, würde ich garantiert nur mit genau solchen Frauen zusammenkommen.

Neben Schnarcherinnen habe ich auch immer wieder magnetisch Frauen angezogen, die ein gesteigertes Redebedürfnis hatten. Was ja normalerweise bei Frauen nicht so oft vorkommt. Oder doch? Nach meinen persönlichen Beobachtungen scheint es durchaus so zu sein, dass die meisten Frauen ihre Gedanken viel schneller in gesprochene Worte umwandeln können als ich. Denken und Sprechen geschieht nahezu gleichzeitig und gänzlich ohne Energieverlust. Während ich mich schnell *müde gebabbelt* habe, lädt eine Frau beim Sprechen ihren Akku auf. Ich sage das mit großem Respekt und hoher Bewunderung.

Meine Zahnärztin ist in der Lage, gleichzeitig zu denken, zu sprechen und zu bohren! Sie könnte außerdem noch parallel einen Hefeteig machen, ich schwör's!

Ich selbst bin ja eher maulfaul und schweigsam, und so werde ich oft fälschlicherweise von Frauen für einen guten Zuhörer gehalten. Dabei fällt mir meistens nur nichts ein, was ich sagen könnte. Auf jeden Fall bin ich schon immer ein leichtes Opfer gewesen für Damen mit überstarkem Redefluss.

Schon bevor ich mit Jeannette zusammengekommen bin, war ich deshalb gemäß dem Resonanz-Gesetz immer mit Extrem-Schnarcherinnen mit Knirsch-Schnarch-Syndrom oder mit redewütigen Babbel-Dominas zusammen.

Bei Jeannette werde ich es allerdings überwinden. Ich nehme mir jetzt ganz einfach vor, nicht mehr auf irgendwelche Geräusche von ihr nachts zu reagieren. Selbst, wenn ich die ganze Nacht nicht schlafen kann. Es wird mich nicht mehr ärgern. Und dann wird das Wunder geschehen: Genauso wie ich nicht mehr genervt sein werde, wird sie nicht mehr schnarchen.

Die Oma hat es damals schon genial auf den Punkt gebracht:

»**Bevor ich mich uffreesch, is mer's egal!**«

GIBT ES EIN LEBEN NACH DER BEERDIGUNG?

Next Spruch von meiner Oma:

> **»Was nützt mir die schönst Beerdischung,**
> **wenn ich selber de Dode spiele muss?«**

Was, wenn ich hier aus diesem Dixi-Klo nicht mehr lebendig herauskomme?

Mittlerweile habe ich in dieser extremen Hitze bestimmt schon drei Liter Wasser durch Schwitzen verloren. Und ich spüre immer weniger Kraft, den verflixten Riegel hochzudrücken. Vielleicht war ich dem Tod wirklich noch nie so nahe wie jetzt?

Das Dumme am Sterben ist, dass ich darin noch überhaupt keine persönliche Erfahrung habe. Und wie es ist, tot zu sein, weiß ich ja auch nicht. Jedenfalls wird es bestimmt sehr ungewohnt sein für mich. Seit ich denken kann, bin ich ja schon am Leben …

Von sogenannten Nahtoderfahrungen hört man ja immer wieder. Nicht, dass ich selbst schon mal ein helles Licht am Ende eines Tunnels gesehen hätte mit einem engelhaften Wesen, das immer rief: »Komm!« Nein, davon habe ich nur gehört und auch darüber gelesen. Viele haben schon darüber berichtet, dass sie also quasi tot auf Bewährung waren oder tot in der Probezeit. Wenn ich mal ein helles Licht gesehen und Stimmen gehört habe, dann war das meistens die Jeannette, die mich morgens nach einer Nacht mit zu viel Äppelwein zum Aufstehen zwingen wollte. Da kannte die nichts und war ganz unengelhaft. Dann musste ich mir auch schon mal solche Sachen anhören wie, ich sei nicht der Einzige mit Oma-Sprüchen, sie hätte auch welche, und einer davon würde lauten: »Wer feiern kann, kann auch arbeiten.« Also, da war mir meine Oma aber lieber. Ihre Sprüche waren immerhin von einer positiven Grundhaltung geprägt.

Und dann gibt es ja noch die Geschichten von Untoten, von Geistern und Gespenstern. In diesem Zusammenhang habe ich in den letzten beiden Nächten, die ich auf meinem improvisierten Schlaflager hier nebenan in der »Baustellen-Villa« verbracht habe, ein wundersames Erlebnis gehabt.

Nach den anstrengenden Arbeiten tagsüber mit dem Fliesenlegen und dem Verputzen bin ich abends *schlagskaputt* in meine Matratze gesunken und sofort weggepennt. Aber dann wurde ich doch tatsächlich mitten in der Nacht wach. Man muss sich das mal vorstellen: Da ist man total erschöpft von der ganzen Schufterei und will sich endlich regenerieren durch die Königsdisziplin des Nichtstuns, den Schlaf, und dann, Zack!, steht man auf einmal kerzengerade im Bett. Und warum bin ich da so plötzlich aus dem Schlaf gefahren? Ein lautes Hämmern hat mich geweckt! Das Geräusch kam aus der Küche. Wer hämmert denn da? Noch dazu mitten in der Nacht? Irgendetwas stimmte da nicht. Ich stand also auf und schaute nach. Ob sich Jeannette eingeschlichen

hatte und ein paar Fliesen herausklopfte, die ihr nicht zusagten? Bei ihr konnte man sich da nie so sicher sein ... Also schlich ich schlaftrunken zur Küche und musste mir erstmal die Augen reiben. Nein, nicht die Jeannette, sondern ein fleißiger Handwerker tat dort seinen Dienst. Er klopfte mit dem Hammer Fliesen in den Boden, genau dort, wo ich vor einigen Stunden erschöpft aufgehört hatte.

Erst mal war ich total perplex und dann aber auch wieder sehr froh über die unerwartete Hilfe. Ich konnte sowieso noch nie verstehen, warum die Leute immer über Handwerker meckern und sie als faul beschimpfen. Der hier war genau das absolute Gegenteil und arbeitete hochmotiviert – sogar um Mitternacht! Nur hatte ich ja dem Luigi und den anderen Cousins vom Alfonso gekündigt, da der Kostenvoranschlag erfüllt und mein Konto leer waren. Ich beschloss, direkt am nächsten Tag den Luigi anzurufen.

Als ich ihn am Telefon hatte, lobte ich seinen eifrigen Handwerker, bat ihn aber, keine Arbeiter mehr zu schicken, weil ich sie nicht bezahlen könne. Zu meiner Überraschung wusste Luigi aber gar nichts davon, dass da jemand von seinen Leuten nachts bei mir gearbeitet hatte. Hatte dieser Gutmensch-Handwerker dem Luigi nichts davon erzählt, damit der ihm keinen Nachtzuschlag schuldete? Wahrscheinlich! Nicht.

Alles irschendwie ein bissje seltsam ...

Und was soll's ich euch sagen? In der nächsten Nacht schoss ich wieder um Mitternacht aus dem Bett, weil ich von dem Klopfen des Hammers geweckt worden war. Diesmal war mein erster Gedanke: Ein Klopfgeist! Gut, normalerweise klopfen Klopfgeister gegen Türen oder Fenster und nicht mit einem Hammer auf Fliesen – das hier war schon irritierend! Diesmal kamen die Geräusche aus dem Bad. Ich schaute nach und sah, dass sich der fleißige Handwerker wieder an den Fliesen zu schaffen machte. Diesmal wollte ich mich erst einmal bei ihm persönlich bedanken, ihm aber dann umgehend meine finanzielle Situation erklären. Ich sprach ihn an, doch er reagierte überhaupt nicht. Ja klar, dachte ich mir, war bestimmt einer der vielen Cousins vom Alfonso und verstand nullkommanull Hessisch, nur Italienisch. Aber selbst bei meinem freundlichen »Buona Notte« reagierte er nicht. Ich vermutete, dass er zu sehr in seine Arbeit vertieft war, also wollte ich ihm einen Klaps auf seine Schulter geben, ohne ihn zu erschrecken. Aber das Einzige, das ich berührte, war das Waschbecken hinter ihm. Beim nächsten Versuch erwischte ich den Wasserhahn, statt der Schulter oder dem Arm, und so langsam wurde mir die Sache dann doch unheimlich. Ich griff quasi durch ihn hindurch. Wie soll den denn mal seine Frau in den Arm nehmen, wenn er sich bei jeder Berührung auflöst? Das war jetzt für mich ein deutlicher Hinweis darauf, dass es sich hier um einen echten Klopfgeist handeln musste. Eigentlich war ich ihm ja für seine Unterstützung dankbar, aber ich wollte, dass er seine

Tätigkeit einstellt oder sich eine andere Baustelle sucht – denn bei dem Hämmern konnte ich ja kein Auge zumachen. Und falls Jeannette demnächst hier mal übernachten würde, wie sollte ich ihr erklären, dass da nachts noch ein anderer Mann im Haus ist? Wo ich selbst ihr bis jetzt noch kein Angebot gemacht hatte, hier einzuziehen? Sie würde bestimmt total eifersüchtig reagieren, weil sie glauben würde, dass ich ihn hier wohnen lasse! Nein, der Geist musste weg, das war sonnenklar. Aber wie brachte ich ihn dazu, wenn er mich noch nicht mal verstand? Da fiel mir die intelligenteste Frau der Welt ein: Alexa! Die hat echt einen Riesenspeicher, wenn sie da keinen Rat weiß, wer sonst? Jetzt konnte ich sie ja ruhig fragen, weil Jeannette nicht in der Nähe war. Ich ging nach draußen, damit der Geist unser Gespräch nicht mithören konnte. Dann fragte ich:

»Alexa, wie vertreibt man einen fremden Geist?«

Ihre Antwort hat mich schwer enttäuscht. Sie meinte nämlich, Geister und Gespenster sind Fantasiewesen und existieren nur im Aberglauben.

»So! Und wer, bitte schön, hat heute Nacht bei mir Fliesen verlegt?«

Da war sie auf einmal ganz still und konnte nichts dazu sagen.

»Siehst du? Da fällt dir nichts ein!«

Dann hab ich aber nicht aufgegeben und immer weiter gebohrt, so wie ich es bei Jeannette auch mache, wenn ich etwas von ihr rauskriegen will.

Schließlich hat sie mir verraten, dass es im Volksglauben heißt, man kann Gespenster mit einer bestimmten Sache sehr gut vertreiben, nämlich mit Lärm. Mit Lärm? Ein Klopf- und Hammergeist macht doch selbst schon total Krach, das ist doch das Problem! Dann muss ich ja noch lauter sein!

Aber okay, ich kann es ja mal probieren. Und zwar kann ich die Operetten-Schlager singen, die mir meine Oma noch beigebracht hat.

Ich stimmte also ein Lied an von Franz Lehar: »Dein ist mein ganzes Herz«.

Voller Inbrunst, nicht schön, aber laut. Jeannette hätte längst wütend das Weite gesucht. Der Baustellengeist aber ließ sich nicht beirren. Womöglich gefiel ihm mein Gesang und die Arbeit ging ihm noch leichter von der Hand. Was kann ich denn noch Lautes machen? Genau: Ich stell die Bohrmaschine an! Und dazu ein paar wilde Tarzan-Schreie! Das schlägt den letzten Geist in die Flucht!

Dieser hier war jetzt bestimmt schon längst total taub. Jedenfalls war er nun mit dem Fliesenlegen fertig. Alles geschafft, sowohl in der Küche als auch im Bad. Ich sah, wie er sein Werkzeug zusammenpackte.

Na endlich, dann kann ich mich ja wieder schlafen legen. Aber Pustekuchen: Ich legte mich wieder auf meine Matratze und war fast schon eingeschlummert, da sah ich ihn am Fuße meines Bettes stehen! Es schien so, als erwarte er etwas von mir. Hat er Hunger? Ich hatte ja selbst kaum etwas da, mich die letzten Tage fast nur von Hand-

käs und Löwenzahn ernährt. Na gut, dann biete ich ihm
'ne Portion Handkäs und dazu ein Glas Äppelwein an.
Wollte er nicht! Noch nicht mal probiert hat er's.

»Wenn du schnäubig bist, kann ich dir auch nicht helfen.«

Also hab ich mich wieder hingelegt. Und er? Er blieb stehen. Und wartete!

Auf was nur? Na klar: Auf sein Geld! Logisch! Ich hatte
ihn zwar nicht bestellt, aber umsonst will ja schließlich
niemand arbeiten.

Viel hatte ich nicht mehr, also bot ich ihm erst mal 20
Euro an.

Die nahm er nicht. Hätte ich mir ja denken können,
so ein Geist hat seinen Stolz. Dann reichte ich ihm einen
Fünfziger. Aber darauf reagierte er auch nicht. Mehr
konnte und wollte ich ihm nicht geben, dafür hätte ich
dann auf jeden Fall eine ordentliche Rechnung mit Mehr-
wertsteuer verlangt. In diesem Moment fiel mir plötzlich
etwas ein! Ich hatte ja noch von meiner Oma einen Geld-
schein aus der Inflationszeit. 300 Millionen Reichsmark!
Zugegeben, das war eigentlich etwas unfair von mir, weil
man dafür ja nichts mehr kaufen konnte.

Nachdem ich den Schein in einem meiner Koffer gefunden hatte, präsentierte ich ihm mein Erinnerungs-
stück. Und was soll ich euch sagen? Er nahm's und verschwand!

Wahrscheinlich konnte er mit der heutigen Währung
gar nichts mehr anfangen. Hätte ich mir ja denken kön-

nen. Seinen altmodischen Klamotten nach war er ja schon 'ne ganze Zeitlang tot.

Ich hoffe, dass ich den Geist nun endlich erlöst habe und er nicht noch auf anderen Baustellen hämmern muss. Wahrscheinlich hatte er in seinem Leben nicht sauber genug verfliest und musste als Geist so lange weiter hämmern und fugen, bis jemand seine Arbeit anerkannte und ihn dafür belohnte.

Wenn der Luigi sich nicht ändert, wird auch er später noch als Baustellengespenst weiterarbeiten müssen ...

Da fällt mir ein, dass ich schon einmal ganz schlimm Todesangst hatte, und zwar bei meinem ersten Jungfrauen-Flug als Passagier. Wobei das Fliegen gar nicht so schlimm war. Das Furchtbare daran war die Jungfrau, äh nein, der Start. Der Pilot ist zuerst ganz langsam losgefahren auf dem Rollfeld, sodass es sich sogar richtig gemütlich angefühlt hatte. Ich schaute aus dem Fenster und genoss dabei den Blick auf die Landschaft. Dann blieb der Pilot mit dem Jet plötzlich stehen. Da dachte ich noch: Nanu, warum bleibt der jetzt mitten auf dem Flughafen stehen? Sind da Kühe oder Enten, oder was? Nichts dergleichen. Na ja, vielleicht muss er sich mal die Nase putzen oder noch mal auf's Klo?

Wir warteten ungefähr drei Minuten. Dann trat der Pilot ohne Vorwarnung wieder auf's Gaspedal, aber fragt nicht nach Sonnenschein! Die Beschleunigung war so heftig, dass wir regelrecht mit unseren Körpern in die Sitze gedrückt wurden! Wären wir geblitzt worden, hätte der

Mann am Steuerknüppel mit Sicherheit seinen Lappen eingebüßt! Mit einem Affenzahn bretterten wir über die Startbahn und mir wurde natürlich bei diesem Tempo himmelangst und ich fing an zu schreien. Nicht auszumalen, was da alles hätte passieren können. Schließlich war das hier doch nicht der Nürburgring, sondern der Flughafen! Anstatt aber die Geschwindigkeit zu drosseln, legte dieser wild gewordene Kamikaze-Pilot noch einen Zahn zu, sodass mir fast schwarz wurde vor Augen.

Ich war mir sicher, dass der Pilot sturzbesoffen sein musste. Vor lauter Panik hab ich mich instinktiv in meine Sitznachbarin festgekrallt. Die ältere Dame hatte danach etliche blaue Flecken und Kratzwunden, deshalb spendierte ich ihr später ein Bier.

Und jetzt im Dixi-Klo überkam mich auch wieder so eine unangenehme Todesangst, vermischt mit einem Riesenkohldampf. Eine ungünstige Kombination!

Falls sich mein Schicksal denn nun tatsächlich in diesem Dixi-Klo entscheiden sollte – was würde ich dann bereuen, nicht gemacht zu haben in diesem wundervollen Leben? Welchen Traum hätte ich mir gerne noch erfüllt? Ihr kennt bestimmt auch diese Filme, in denen todkranke Menschen noch einmal ihre letzten Wünsche wahr werden lassen. Zum Beispiel ein letztes Mal in der Südsee Urlaub machen. Schon als kleiner Bub saß ich oft verträumt am Erlenbach und wartete sehnsüchtig darauf, dass endlich ein Schiff vor Anker gehen und mich aufs Meer mitnehmen würde – über den Ozean bis in die Südsee. Leider wurde dieser Traum damals nie wahr, weil es in Burgholzhausen keinen Hafen gibt zum Anlegen. Jetzt gerade finde ich die Vorstellung von der Südsee gar nicht *so* toll, mir ist sowieso schon viel zu heiß – da brauch ich keine Tropen! Und wenn ich die beruhigende Wirkung von tiefblauem Meerwasser möchte, muss ich nur auf die blauen Innenwände der Toilette gucken. Würde ich jetzt einen Urlaub in der Südsee buchen, ginge das natürlich nicht ohne Jeannette. Ich müsste dann den ganzen Tag Kokosnüsse für sie anschleppen, ihr den Rücken mit Sonnencreme einschmieren und ihre Füße massieren. Da hab ich hier eigentlich mehr Erholung. Wenn ich mir jetzt aber vorstelle, wir wären beide zusammen hier eingesperrt, dann würde ich wahrscheinlich doch lieber in die Südsee mit ihr …

Also welche sind nun meine unerfüllten Sehnsüchte und Träume? Jedenfalls nicht die Dinge, die sich die meisten so wünschen.

Vielleicht sollte ich besser die Dinge aufzählen, die ich froh bin, nicht gemacht zu haben? Das würde mir jetzt wenigstens ein schönes Gefühl der Genugtuung verschaffen, ja, ein Gefühl freudiger Erleichterung! Ein Best-Käs-Gefühl!

DIE ANTI BUCKET-LIST – UND WAS WIRKLICH REIN SOLL INS KÖRBCHEN!

Viele Menschen machen sich Gedanken darüber, was sie alles noch unbedingt in ihrem Leben machen möchten. Ich habe mir als erstes Mal überlegt, was ich in meinem Leben auf gar keinen Fall machen möchte.

10 Dinge, die ich vor meinem Tod nicht noch unbedingt machen muss:

1. Die ägyptischen Pyramiden von Gizeh besuchen.

Warum so viele Menschen zu ihren Lebzeiten so heiß darauf sind, in eine Grabkammer zu gehen, verstehe ich nicht. Wenn ich es dunkel, stickig und muffig haben will, reicht mir mein Dixi-Klo. Auch in dem alten Kartoffelkeller meiner Oma fand ich die Atmosphäre nicht besonders freundlich, und Touristen haben sich auch nicht da hinein verirrt. Außerdem sollen die Gänge sehr niedrig sein, das wäre eine Quälerei für meinen langen Hals. Ehrlich gesagt bin ich total froh, dass ich da nicht mehr hinmuss!

2. Mir mit Hundert-Euro-Scheinen den Arsch abwischen.

Das habe ich schon mal in einem Film gesehen. Es soll der Traum vieler Menschen sein, einmal im Leben so viel

Geld zu haben, dass man sich damit den Hintern abputzen kann. Wobei ich gar nicht so viel Kohle haben möchte. Das würde viele Frauen mit zweifelhaften Absichten anlocken. Ich kann ja jetzt schon nicht genau unterscheiden, ob sich eine Frau für meine messerscharfe Intelligenz begeistert oder ob sie nur meinen Körper will. Mal davon abgesehen – habt ihr schon mal so einen Hundert Euro Schein in der Hand gehalten? Ich hab mir einmal aus Versehen damit in die Finger geschnitten, als ich hektisch bezahlen musste. Das Zeug ist hart, fest und scharfkantig! Nicht auszudenken, welche Verletzungen ich mir zuziehen könnte da unten. Zum Saubermachen taugt es jedenfalls überhaupt nicht. Die Oberfläche ist glatt und saugt nicht richtig. Zudem habe ich einst eine Studie gelesen, wie viele Keime und Erreger sich auf der Oberfläche von Geld befinden.

Nein, ich bin wirklich froh, dass ich mich nicht mit 100 Euro-Scheinen abputzen muss – ich würde ja entweder gleich an den Schnittwunden verbluten oder die schlimmsten Entzündungen bekommen! Super Entscheidung, das nicht zu machen!

3. Klavierspielen lernen.

»Wenn ich wüsste, dass ich nur noch kurze Zeit zu leben hätte, würde ich noch mal anfangen, Klavierspielen zu lernen.« Das sagte mir mein Kumpel Hans Jörg einmal. Ich für meine Person stelle mir das allerdings ganz furcht-

bar vor. Wer weiß, wie weit man dann überhaupt noch kommen würde. Wahrscheinlich nicht weiter als bis zum *Flohwalzer* oder bis zu *The Entertainer*. Oder ein paar Takte *Pour Elise*. Und damit soll sich das Leben dann erfüllen? Dieses nervige Geklimper geht doch jedem Klavierschüler schon nach den ersten Takten auf den Zeiger. Nein, warum soll man das Leiden damit noch unnötig vergrößern?

Da gratuliere ich mir selbst dazu, niemals Klavierunterricht genommen oder auch nur ins Auge gefasst zu haben! Glückskind!

4. Sushi von einer japanischen Schönheit essen.

Meine weibliche Leserschaft kann ich gleich beruhigen: Auch das gehört nicht zu den Favoriten der Dinge, die ich unbedingt noch gerne im Leben gemacht hätte. Nein, im Gegenteil, auch hier bin ich heilfroh, dass ich davon wahrscheinlich verschont bleiben werde. Mit dem labberigen Sushi- und Muschelgedöns kann man mich nämlich jagen. Und was nützt die hübscheste Japanerin, wenn ich von dem Rohfisch-Gematsche Brechreiz bekomme? Ich finde, das ist nur etwas für perverse Machos. Außerdem weiß jeder Mann, dass Japanerinnen im Genitalbereich verpixelt sind. Also guckt man da auch in die Röhre! Wie schön, dass dieser Krug an mir vorbeigeht!

5. Mit dem Fallschirm springen.

Als ein Mensch mit ausgeprägter Höhenangst wird mir sogar schon auf hohen Barhockern schwindlig. Von daher müsste ich total verrückt sein, wenn ich mich freiwillig aus einem Flugzeug schubsen lassen würde! Jeden, der mich da hinausstoßen wöllte, würde ich vorher krankenhausreif prügeln, auch wenn ich sonst nie Gewalt anwende. Dasselbe gilt für Bungeejumping und Gleitschirmfliegen. Warum tausend Tode sterben – einer am Ende reicht doch? Nee, nee, wieder 'ne Menge Geld gespart, subbär! Das kann man dann in eine schöne Beerdigungsfeier mit viel Streuselkuchen stecken!

6. Mit dem Motorrad zum Kap der guten Hoffnung fahren.

Auch so ein selbstmörderisches Unterfangen! Es hat seinen Grund, warum ich keinen Motorradführerschein gemacht habe. Noch nicht mal als Sozius bin ich zu gebrauchen. Ich lege mich in den Kurven einfach immer genau in die falsche Seite, sodass es auch für den Fahrer lebensgefährlich wird mit mir. Und jetzt das Ganze auch noch alleine! Und so eine wahnsinnig lange Strecke durch so viele Länder, deren Sprachen ich noch nicht mal alle beherrsche! In einigen der Länder soll es öfters Überfälle geben auf ausländische Männer, die dann entführt und zwangsverheiratet werden. Lieber eine schöne Radtour am Erlenbach entlang!

7. Einen Tanzkurs belegen.

Viele meiner Freunde möchten unbedingt noch einmal einen Tanzkurs machen. *Tango Argentino* steht da meist ganz oben auf der Wunschliste. Bei mir steht ein Tanzkurs ganz oben auf meiner persönlichen Albtraumliste. Denn das würde wieder alte Wunden aufreißen, die in meinem ersten Standardtanz-Anfängerkurs entstanden sind. Damals konnte man zwar als Mann den Wehrdienst verweigern, nicht aber den örtlichen Tanzkurs. Wer keinen Tanzkurs besuchte, wurde gemobbt, verspottet und ausgegrenzt. Da halfen auch keine Atteste oder seltene Religionen. Also war auch ich ein hilfloses Opfer der Tanzlehrerin Annemarie Teufel. Ich empfand es als eine Form von Willkür, mich zu zwingen, meine Bewegungen und Schritte einem streng vorgegebenen Ablauf anzupassen. Bemerkenswert war, dass mich jedes Mädchen nach kaum einer Minute Tanzen einfach stehen ließ, mit der Begründung, sie müsse dringend auf Toilette. Anfangs erklärte ich mir das mit der körperlichen Erregung, in die ich die jungen Frauen versetzte. Die Nervosität schlug ihnen wohl auf die Blase. Es stellte sich aber dann ein anderer Grund für das Weglaufen der Mädels heraus: Ich bin ihnen wohl mit meinen übergroßen Schuhen ständig auf die Füße gelatscht. Das hatte schließlich zur Folge, dass ich immer mit der Tanzlehrerin tanzen musste. Bei jedem falschen Schritt schrie sie mich an wie ein *Grill Instructor*. Dieses Schicksal möchte ich mir auf jeden Fall ein zweites Mal ersparen!

8. Auf einem Walhai reiten.

Das ist tatsächlich ein riesengroßer Wunsch von ... Jeannette! Reiten war mir noch nie so ganz geheuer – mit Ausnahme von Ponyreiten. Aber auf Pferden, Kamelen oder Elefanten bekomme ich schon mal der Größe wegen grundsätzlich Höhenangst. Die würde bei dem Ritt auf einem Walhai zwar wegfallen, aber dafür müsste ich mit meinem Kopf unter Wasser und da bekäme ich dann Tiefenangst. Und wer weiß, wohin der Walhai mit mir schwimmt? Im »Haie-Lenken« bin ich eher unbegabt und meine hessischen Befehle wird er nicht verstehen. Da ich schon beim Motorradfahren Probleme mit dem Gleichgewichthalten habe, wird es mich von diesem Riesengeschoss erst recht in den Kurven runterhauen! Also nö.

9. Ein Tattoo stechen lassen.

Könnte bei mir sowieso nur unter Vollnarkose gemacht werden. Ich gebe zu, da gibt es schon ganz originelle Sachen, die man sich draufmachen lassen kann. Zum Beispiel isst der Hans Jörg total gerne Handkäs mit Musik und hat sich deshalb einmal in Tokyo auf seinen Hintern die japanischen Schriftzeichen für Hand, Käse und Musik stechen lassen. Wenn ich mir etwas auf meinen Bobbes stechen lassen müsste, dann würde ich einen Spruch meiner Oma auswählen:

**»Mer kann sich drehe, wie mer will,
mer hat de Arsch immer hinne!«**

Aber wer guckt sich schon meinen Bobbes an – außer Jeannette und der Leichenbestatter? Also kann ich mir die Kosten sparen. Ein Abziehbild ist übrigens billiger und tut nicht so weh!

10. Zum Roulette-Spiel ins Casino von Monte Carlo.

Also, mal ehrlich – es gibt so viele lustige Spiele, die richtig Spaß machen, warum denn ausgerechnet so ein ernstes Zeug? Immer diese bierernsten Gesichter am Spieltisch, keiner lacht mal oder reißt einen Witz! Ich mag viel lieber Pantomime-Spiele, bei denen man sich über die Grimassen der anderen kaputtlacht! Oder die Partyspiele von früher wie *Reise nach Jerusalem* – ein Knaller! Oder *Kommando Pimperlein*!! Ich wette mit euch, wenn ich den feinen Damen und Herren in dem Casino vorschlage, mal mit mir *Tante Jo macht so* zu spielen, werden sie diese Knüllerspiele noch nicht einmal kennen! Außerdem könnte ich mir in Monte Carlo kein Hotelzimmer leisten und müsste in der Jugendherberge schlafen. Muss ich ned habbe!

**Ein paar Träume, die ich mir vor meinem Tod
doch noch erfüllen möchte:**

Ihr fragt euch aber jetzt bestimmt, ob ich nicht doch irgendwelche Träume habe, die ich mir im Falle meines Überlebens noch erfüllen möchte, oder? Klar, habe ich noch Träume! Und ihre Verwirklichung werde ich direkt nach meiner hoffentlich baldigen Rettung hier aus dem Dixi-Klo endlich angehen. Natürlich werde ich sie euch nicht vorenthalten …

Folgende Träume möchte ich mir noch gerne außerhalb dieses Dixi-Klos erfüllen:

1. Duschen!

Mindestens anderthalb Stunden lang. Zuerst eiskalt, dann lauwarm, dann heiß, dann wieder kalt, mit hartem und mit weichem Strahl und mit essbarer Granatapfel-Blut-orangen-Sauerkraut-Seife!

2. Sumo-Ringer werden!

Die größte Herausforderung für mich bei diesem Sport wäre, aus einem dürren Spargel-Tarzan einen massigen Fettklops zu machen. Schon die Oma hat immer gesagt: *»Bub, du brauchst ein bissje was uff die Rippe!«*

Um auf das Gewicht eines Sumo-Ringers zu kommen, müsste ich ungefähr 100 Kilo zunehmen. Das ist mit Äpfeln und Handkäs nicht zu schaffen, aber ich hab mir schon eine spezielle Diät überlegt, um auf die nötigen Pfunde zu kommen – eine Schwarzwälder-Kirschtorten-Diät! Mit mindestens drei ganzen Torten täglich hätte ich in einem halben Jahr mein Idealgewicht! Natürlich lasse ich bei der Sahne den Zucker weg, sonst wäre es ja ungesund. Aber der Aufwand würde sich lohnen, denn Sumo-Ringer gelten als Sex-Symbole. Zumindest in Japan. Aber ich denke, auch Jeannette wird ein wenig Respekt vor mir kriegen, wenn ich als meine doppelte Portion vor ihr stehe. In dem knappen Ringerhöschen werde ich ihr bestimmt besser gefallen als in meinem hellblauen Frottee-Schlafanzug. Da würde ich als »Sumo-Maddin« dann leider sowieso nicht mehr reinpassen. Zur Begrüßung werde ich dann mit meiner rechten Hand auf meine rechte Hinterbacke schlagen, dass es nur so klatscht! Und mit dem Fuß wild auf die Erde stampfen und meine Ahnen herbeirufen!

3. Ein Buch schreiben.

Wie verbringe ich sinnvoll die Zeit als Gefangener im Dixi-Klo? Endlich mal ein Thema, das weltweit für Aufsehen sorgen wird! Dazu gibt es dann am besten gleich auch eine wasserdichte Dixi-Klo-Spezialausgabe. Vielleicht kann ich zusätzlich noch die Filmrechte verkaufen, der Stoff gibt bestimmt genug her für eine 50-teilige Action-Serie bei Netflix.

4. Seepferdchen-Abzeichen machen.

Tragischerweise habe ich das in meiner Jugend versäumt. Aber ich fühle mich noch lange nicht zu alt, um endlich schwimmen zu lernen. Und so ein Abzeichen auf der Badehose ist doch schick, oder? Obwohl es mir wirklich nicht ums Angeben geht. Und, wer weiß, vielleicht ebnet mir das den Weg in eine späte Karriere als Bademeister?

5. Nachrichtensprecher der Tageschau erschrecken.

Die Sprecher der Tagesschau sind meistens so ernst, deshalb möchte ich einem von ihnen gerne mal einen Streich spielen. Am liebsten würde ich mich am Abend des Rosenmontags heimlich im Aufnahmestudio verstecken und plötzlich während der Live-Sendung aus der Deckung kommen. Von hinten würde ich dem Sprecher dann eine Luftschlange über den Kopf blasen und drei Mal laut »Helau!« rufen.

WARUM DER MADDIN UNBEDINGT NOCH EINEN FROSCHTUNNEL BAUEN MUSS, UM ERLÖST ZU WERDEN

So, jetzt mal wieder zu den schweren Gedanken, die mich im Dixi-Klo bedrängen. Irgendwann einmal muss ich meinen Löffel abgeben, daran führt kein Weg dran vorbei.

Die große Frage ist: Gibt es ein Leben nach der Beerdigung?

Meine Oma war in Glaubensfragen ganz klar. Sie sagte immer:

> **»Ich gläub nur, dess e Pfund**
> **Rindfleisch e gut Supp gibt!«**

Und meine Oma hat die beste Rindfleischsuppe der Welt gekocht! Vegetarier hin oder her – was würde ich jetzt dafür geben, einen Teller davon auszuschlappern! Mit diesen leckeren kleinen, luftigen Markklößchen drin! Kann die heute überhaupt noch jemand?

Der Dalai Lama meint im Gegensatz zu meiner Oma, wir werden alle *rekanalisiert* – oder so ebbes. So sieht es ja auch der Lach-Baba. Wenn also jemand stirbt, dann muss er praktisch an der Garderobe seinen Körper abgeben. Die Seele aber, die in dem Körper steckt, darf man behalten. Die kann einem niemand abnehmen, noch nicht mal das Finanzamt. Die Seele wird sozusagen recycelt, die kommt in einen unsichtbaren gelben Sack (oder Tonne, je nach Bundesland). Und irgendwann sucht sich die Seele einen neuen Körper, in den sie dann hineinschlüpft. Und welchen Körper sich die Seele aussucht, hat etwas damit zu tun, was man vorher in seinem alten Körper so alles getrieben hat. Zum Beispiel könnte es sein, dass der Frosch, den ich damals mit meinem Bonanza-Fahrrad überfahren habe, im nächsten Leben in meinen Körper hineinschlüpft. Dann würde der Frosch zum Maddin. Andersherum könnte es sein, dass ich dann in den Frosch hineinschlüpfe. Und dementsprechend könnte es dann sein, dass ich an meinem zehnten Geburtstag von mir selbst überfahren werden würde! Wie furchtbar das wäre, von einem Riesenmonster-Bonanza-Fahrrad überrollt zu werden!

Und wie würde das dann alles weitergehen? Im nächsten Leben überfahre ich dann wieder den Frosch, danach wieder der Frosch mich, dann wieder ich den Frosch – wie kommt man denn da wieder raus aus dieser Nummer? Das Ganze könnte wohl erst zu einem Ende kommen, wenn beispielsweise das Fahrrad einen Platten hätte. Scheint also irgendwie doch noch nicht so ausgereift zu sein mit der *Reinkanalisation*, daran muss noch ein wenig gefeilt werden. Und egal, wo und als wer ich wiedergeboren würde – meinen Körper möchte ich um gar keinen Preis für einen anderen hergeben. Ich sage es ganz offen: mit diesem Teil wollte der liebe Gott mal so richtig angeben! Ein Meisterstück von oben bis unten. Auch von den Funktionen her unübertroffen. Weder hab ich Plattfüße, noch schnarche ich nachts. Eine andere Nase würde im nächsten Leben ja schon ausreichen, mich zu einem Schnarcher zu machen.

Ich kann doch nicht einschlafen, wenn jemand schnarcht. Aber als Selbstschnarcher müsste ich dann ja mein eigenes Schnarchen die ganze Nacht anhören und könnte das ganze nächste Leben lang nicht schlafen.

Oder noch schlimmer – ich werde als Frau wiedergeboren! Nicht falsch verstehen bitte, ich bin ein großer Verehrer der Frauen. Man kann schon fast sagen, ich vergöttere Frauen. Aber wenn ich selbst als Frau auf die Welt kommen würde, müsste ich ja irgendwann mit einem bartstoppeligen Mann ins Bett gehen! Frauen ziehe ich da eindeutig vor. Auch wenn ich in einen Frauenkörper reinkarniere, fühle ich mich dann doch bestimmt noch als Mann, wie ich mich kenne. Ach ja, und dann möchte ich natürlich auch als Hesse wiedergeboren werden und nicht als Bayer. Nicht, dass mir die Bayern unsympathisch wären. Nur vom Dialekt her liegt mir einfach das Hessische am besten, weil es so weich und geschmeidig klingt. Das Bayerische – mit Ausnahme des Fränkischen – ist da viel härter und holpriger. Es ist aber leider zu befürchten, dass in wenigen Jahrzehnten die Hessen ausgestorben sein werden.

Ich habe neulich eine Prognose gelesen, die davon ausgeht, dass es in 70 Jahren nur noch wenige überlebende Hesse geben wird. Und zwar auf Mallorca – als Sklaven der Chinesen.

Übrigens ist sich der Hans Jörg ganz sicher, in einem früheren Leben als mächtiger Pfalzgraf gelebt zu haben.

Und heute ist er ein kleines Licht bei der Telekom. So kann's gehen!

Als kleiner Junge bin ich fest davon ausgegangen, dass ich später mal in den Himmel komme. Und im Himmel gibt es dann jeden Tag Streuselkuchen! Genauso trocken, wie ich ihn von der Oma gewöhnt war. Herrlich! Nur bei meinem Bonanza-Fahrrad war ich mir nicht so sicher, ob ich das dann auch mitnehmen könnte. Weil die Engel da oben ja alle fliegen und da sind Räder überflüssig. Heute bin ich mir natürlich auch nicht mehr so sicher mit dem Himmel. Vielleicht hat der Pfarrer damals im Kinder-Gottesdienst auch nur Fake News erzählt?

Je nachdem, in welchem Land man geboren wird, stellt man sich den Himmel ganz unterschiedlich vor. Ein Arbeitskollege vom Hans Jörg kam vor 20 Jahren aus Indien nach Hessen. Und dieser Inder geht davon aus, dass im Himmel 77 Elefanten und 33 Jungfrauen auf ihn warten. Wenn es einigermaßen gut läuft für ihn. Aber im Himmel hat man keinen richtigen Körper mehr; dann ist man mehr so aus Luft. Und Zurückkommen geht auch nicht, falls es einem dort doch zu langweilig werden sollte. Von daher gibt's bei jeder Religion irgendeinen Haken.

Warum kann man denn nicht einfach hergehen und die besten Sachen aus den ganzen Angeboten kombinieren? Wie bei den Pizzen vom Alfonso! Da kann ich auch die Nummer 18 bestellen mit doppelt Käs drauf plus Sardelle und Artischogge – extra scharf mit Peperooooniiis!

Dann hätte ich gerne für nach dem Tod den »Streuselkuchenhimmel« gebucht mit flugfähigen Bonanza-Fahrrädern! Und anstelle von pausbackigen Engeln lieber brasilianische Samba-Tänzerinnen! Und um all das Schöne genießen zu können, will ich dann natürlich auch meinen tollen Körper behalten ...

Die Realität aber ist, dass ich in diesem stickigen, kleinen Klo festsitze und vor lauter Gestank kaum atmen kann. Selbst wenn mir der liebe Gott auf der Stelle 33 brasilianische *Zuggerschneckscher* schicken würde – die würden ja noch nicht mal hier hineinpassen!

Warum ist dieser wunderbare Körper vollkommen nutzlos in einem Dixi-Klo gefangen?!!

Warum passiert ausgerechnet mir so etwas?!

Warum ausgerechnet bei diesem Wetter?!

Es gäbe jetzt tausend Sachen, die ich lieber machen würde. Oder – Moment mal, stimmt das denn? Will ich jetzt wirklich so viele andere Sachen lieber machen oder redet das mir mein Kopp nur ein? Genauso gut kann ich doch jetzt auch beschließen, dass diese kleine Zwangspause auf'm Lokus das geilste Geschenk des Universums ist! Also, dann mal: Danke ans Universum!

SHITSTORM IM KOPP - ODER: DÜBELN IST BESSER ALS GRÜBELN!

Dazu kommt mir wieder ein Spruch von meiner Oma in den Sinn:

> »Nix is so schlecht, dess es nett aach
> noch fer was anneres gut wär!«

Wobei ich diesen Spruch immer für einen Trick gehalten habe, mit dem man jemanden mal für kurze Zeit beruhigen kann. Aber gut, ich kann mir ja durchaus die Frage stellen, für was es alles gut ist, stundenlang in einem Klo eingesperrt zu sein.

Es könnte auf jeden Fall dazu gut sein, sich selbst wieder einmal ein Stückchen mehr kennenzulernen. Wie man so funktioniert. Wie man so denkt. Wenn man sich wirklich einmal jeden einzelnen Gedanken ansieht, der einem so durch den Kopf geht, dann kann das unerwartete Erkenntnisse zutage fördern. Zum Beispiel, dass unsere Gedanken fast nie frisch und neu sind, sondern meistens schon so abgenudelt wie alte Schallplatten. Immer wieder dieselben alten Kamellen. Nur manchmal werden die Noten und Texte neu miteinander kombiniert. Aber dahinter steckt derselbe alte Wörscht-Käs-Blödsinn. Wenn man nicht aufpasst, fängt das Gedankenkarussell sich schon früh morgens an zu drehen, und wir können es den ganzen Tag bis in die tiefe Nacht hinein nicht mehr abstellen.

So bin ich vor einiger Zeit morgens einmal in aller Herrgottsfrühe wach geworden. Es war gerade einmal 5:00 Uhr. Ich war schweißgebadet und mein erster Gedanke: Gelber Sack! Gelber Sack muss raus!

Ich schoss wie ein geölter Blitz aus dem Bett, um noch rechtzeitig vor der Abholung den gelben Müllsack an die Straße zu stellen. Wie oft hab ich das schon verpasst mit dem gelben Sack!

Meine Panik war deshalb so groß, weil ich direkt vor dem Wachwerden noch einen schlimmen Traum hatte, einen »Gelben-Sack-Alptraum«. In diesem aufwühlenden Alptraum spielte mein Mathe-Lehrer von damals mit, der Herr Häuser. Wie schon erwähnt, hatte er mich einmal während seines Kontrollgangs im Klassenraum ohne Hausaufgaben erwischt – und mich sogar geohrfeigt.

Die Handlung in meinem Alptraum war ein wenig abgewandelt:

In Burgholzhausen war Abgabetermin für den Gelben Sack. In meiner Straße schritt frühmorgens der Herr Häuser mit strengem Blick von Haus zu Haus und kontrollierte, ob es etwa irgendein Anwohner versäumt hätte, den Gelben Sack vor die Türe zu stellen. Bis er schließlich vor meiner Haustür stand:

»Hab ich es mir doch gedacht! Dieser Schneider! Schon wieder keinen Sack hinausgestellt! Der soll was erleben!«

In seiner Rage bimmelte er Sturm an meiner Haustürklingel und riss mich aus dem Schlaf. Als ich ihm schlaftrunken die Tür öffnete, brüllte er mir sofort ins Gesicht:

»Schneider! Warum steht kein Gelber Sack vor der Tür?!«

»Weil, äh, ich ...«

»Das gibt eine Sechs!«

»Nein, keine Sechs bitte!«

»Doch!«

Bäm! Als Zugabe gab es dann noch eine schallende Ohrfeige.

Von dem Klingeln in meinem Ohr bin ich dann wach geworden, weil ich es irrtümlich für das Klingeln meines Weckers gehalten habe.

Oh je! Gelber Sack! Gelber Sack muss raus!

Kein schöner Wach-werd-Gedanke, um positiv und gut gelaunt in einen wundervollen Tag zu starten. In heller Panik bin ich aus dem Bett gesprungen, im Schlafanzug die Treppe hinunter in die Küche gerannt und schnell noch ein paar alte Milchtüten in den Abfallsack gestopft. Dann riss ich die Haustüre auf und blickte in die Dunkelheit.

Da ist weit und breit gar kein Herr Häuser zu sehen!!

Weil der ja auch schon mehr als 20 Jahre tot ist ...

Nur mein Nachbar, der Herr Schmidtke, läuft gemütlich mit seinem kleinen Pudelchen vorbei. Und grüßt mich freundlich, als er mich sieht:

»Morgen, Herr Schneider! Schönen Sonntag!«

Sonntag?

Welcher Idiot stellt sonntagsmorgens um 5:00 Uhr den Gelben Sack vor die Tür?!

So doof kann doch nur einer sein!!

Wütend schlug ich die Haustüre hinter mir zu und klemmte mir dabei auch noch zwei Finger im Türrahmen ein.

Wieder kam mir ein Spruch meiner Oma in den Sinn:

»Die Dumme rotte sich selbst aus!«

Ihr seht, wie man schon am frühen Morgen in seinem Kopf einen wahren *Shitstorm* haben kann. Es lohnt sich deshalb schon sehr, seine Gedanken zu beobachten und nötigenfalls anzuhalten oder in eine andere Richtung zu lenken.

Aber wie geht das? Wie kann ich meine heißgelaufene Denkmaschine runterkühlen?

Eine ganz einfache Methode, um den Kopf etwas herunterzudampfen, besteht darin, ein Eisbad zu nehmen. Falls gerade kein zugefrorener See in der Nähe ist, tut es auch eine kalte Dusche. Zusätzlich am besten noch ein fröhliches Lied singen. Nach meiner eigenen Erfahrung eignen sich japanische Liebeslieder sowie mongolische Trinklieder besonders gut, um aus schweren Gedanken herauszukommen. Man kann aber auch Opernarien schmettern oder Operetten-Schlager trällern. Um nämlich ein Lied wie »Dein ist mein ganzes Herz« aus voller Kehle heraus zu singen, muss man tief in den Bauch atmen, und eine tiefe Bauchatmung ist sehr entspannend. Überdies sind alle körperlichen und sinnlichen Tätigkeiten zu empfehlen, um aus negativen Gedanken herauszukommen. Da ist zuerst einmal das Backen zu nennen. Backen ist für mich wie Sex. Und den schönsten Sex habe ich mit Hefeteig! Keine Frage, darüber geht nichts mehr. Wer einmal in seinem Leben einen Hefeteig zwischen den Fingern gehabt hat, der interessiert sich nicht mehr für Rührteig, Mürbeteig oder Biskuit-Boden. Es ist ja hinlänglich bekannt, dass der weibliche Körper eine enorme Anzahl sogenannter Lustpunkte beherbergt. Punkte, an denen die Frau stimuliert werden kann. Laut Hans Jörg, der zu diesem Thema sehr viel Forschung betrieben hat, sind es knapp 68.000 Punkte, die sich auf verschiedene Körperstellen verteilen. Ihr denkt jetzt, das sei außergewöhnlich viel? Ja, das ist wirklich eine beachtliche Menge – aber nimmt man da jetzt mal zum Vergleich ein Pfund Hefeteig, werdet ihr aus dem Staunen nicht mehr herauskommen! Auf einem Pfund Hefeteig befinden sich nämlich im Durchschnitt eine ganze Million Stimulationspunkte! Egal, wo ihr einen Hefeteig anfasst – er geht total ab!

Er beginnt regelrecht zu schmatzen und zu stöhnen. Das hat natürlich auch wiederum eine Wirkung auf das eigene Lustempfinden, und so schaukelt es sich in der Küche manchmal hoch bis zur Ekstase.

Na ja, ich wollte das jetzt nur noch mal im Zusammenhang mit den mentalen Beruhigungstechniken erwähnen. Sex mit einem menschlichen Partner ist hier grundsätzlich auch möglich, aber da ist ja leider nicht immer jemand Passendes zur Hand. Genauso aber wie Sex dazu genutzt werden kann, um sich geistig zu entspannen, kann es aber auch beim Geschlechterverkehr durch zu viel Denken zu Problemen kommen. Hier eine kurze Liste von fünf Dingen, an die man beim Sex auf keinen Fall denken sollte:

- die Abgabe der nächsten Steuererklärung
- den demnächst anstehenden Zahnarztbesuch
- testamentarische Verfügungen
- philosophische Fragen wie zum Beispiel die nach dem Sinn des Lebens
- den drohenden Abstieg der Lieblingsfußballmannschaft

An dieser Stelle fällt mir noch ein weiteres, einfaches Mittel ein, das sehr gut geeignet ist, um den vom Denken überhitzten Kopf abzukühlen. Und zwar sind das alle handwerklichen Tätigkeiten. Sie bringen besonders uns Männer wieder auf den Boden der Tatsachen zurück. Mit Bohrmaschine und Winkelfräse machen wir uns die Welt, wie sie uns gefällt. Und das macht glücklich. Also: Besser dübeln als grübeln!

AUCH MÄNNER WERDEN MIT ZUNEHMENDEM ALTER IMMER ÄLTER

Mein Kopf hier im Dixi-Klo ist nicht nur vom Denken erhitzt. Die heißen Temperaturen und die stickige Luft tun ihr Übriges.

Aber ich kann's ja auch mal von der anderen Seite aus sehen. Eigentlich hab ich doch total Suff! So viel Glück wie ich hat echt nicht jeder! Jetzt mal ohne Ernst: Viele Leute bezahlen für's Schwitzen. Das nennt man dann Sauna und ist richtig teuer. Und ich krieg's ganz umsonst! Da krieg ich doch gleich Lust, noch viel mehr zu schwitzen, denn je mehr mir die Brühe läuft, umso mehr Geld spare ich! Nur schade, dass es kein Tauchbecken im Dixi-Klo gibt. Ist halt ein bisschen zu beengt – und Klo und Tauchbecken in Einem wäre wahrscheinlich nicht so empfehlenswert ...

Zugegeben, ein kühler, erfrischender, sauer gespritzten Äppelwein wär schon was Feines jetzt! An meinen Händen sehe ich, dass meine Haut schon deutlich an einem extremen Feuchtigkeitsmangel leidet. Ich fahre mit meinen Fingern über mein Gesicht – mein Teint ist alles andere als frisch. Die Fältchen an den Augen haben sich schon spürbar vertieft. Ein Glück, dass es hier keinen Spiegel gibt! Das erinnert mich an meine letzte, sehr unruhige Nacht vor dem Umzug. Lange habe ich mich im Bett hin- und her gewälzt und konnte nur wenige Stunden schlafen. Obwohl ich hundemüde war. Ihr kennt das sicher auch: Total erschöpft und *schlagskaputt* fällt man in seine *Forzkist* und will nur noch schlafen, tief und fest wie ein Murmeltier. Und kurz bevor man eingeratzt ist – »Dong!«: Sorgenalarm! Sorsche! Sorsche! Sorsche! Da muss ja noch dies gemacht werden und jenes erledigt, und dann hab ich vergessen, das zu tun, und, und, und ...

Mittlerweile habe ich mir angewöhnt, an diesem Punkt erst einmal die Sorgen zu sortieren. In alphabetischer Reihenfolge. Also fange ich erst mal mit dem Buchstaben A an, a wie – Abputzen! Das führt mich zum ersten Punkt, den ich erledigen muss: Klopapier. Ich muss unbedingt Klopapier kaufen. Weil mein bester Freund Hans Jörg am Wochenende zu Besuch kommt. Zwar habe ich noch einige Rollen, aber nur zweilagig. Hans Jörg braucht aber inzwischen mindestens dreilagige Rollen. Er hat halt schon die 50 überschritten, und da sind drei Lagen eigentlich schon ein Muss. Der Zusammenhang zwischen der Stärke des Toilettenpapiers und dem Alter des Nutzers ist mir erst seit Kurzem bewusst.

Selbst uns Männern bleiben bestimmte unschöne Auswirkungen des Alterns nicht erspart. Das zeigt sich beispielsweise am Haarwuchs des Mannes.

Das Wachstum der Haare kann beim Mann zwar auch im Alter außergewöhnlich stark sein, aber leider findet es oft nicht an den gewünschten Stellen statt. Es ist wirklich faszinierend, wo es plötzlich anfängt, zu sprießen. Aus allen Poren und Löchern wachsen auf einmal Haare; ich habe gar nicht gewusst, dass ich so viele Löcher habe! Nasenhaare wachsen zum Beispiel bei über fünfzigjährigen Männern pro Tag um durchschnittlich zwei Zentimeter! Ohne Witz, es gibt Siebzigjährige mit den geilsten Rasta-Frisuren. Aber halt nicht auf dem Kopf – die Dreadlocks wachsen ihnen aus dem Hintern! Deshalb dann auch später die zehnlagigen Riesenfeuchtis für uns alten Säcke!

Womit wir bei einem Thema angekommen wären, mit dem wir uns nachts im Bett stundenlang erfolgreich wachhalten können, dem Thema Älterwerden.

Schon als Neunjähriger hat mir das Älterwerden Angst gemacht. Nachdem mir damals mein erster Milchzahn ausgefallen war, wurde ich schwermütig. Ich habe mich gefragt: War es das jetzt? Was kann jetzt noch groß kommen? Es schien für mich der Anfang vom Ende zu sein. Ich wusste anfangs gar nicht, dass da wieder welche nachwachsen. Mit einem Schlag war mir meine körperliche Vergänglichkeit bewusst geworden. Und ich bekam die erste schwere Midlifekrise meines Lebens.

Typischerweise habe ich mir dann auch eine jüngere Freundin zugelegt, die Sabine. Sie war eine ganze Klasse unter mir und erst achteinhalb. Damit versuchte ich meine Panik vor dem Altwerden nach außen hin zu überspielen. Wenn ich mit der kleinen Sabine zusammen war und Malefiz spielte, fühlte ich mich für kurze Zeit wieder jung. An meinem zehnten Geburtstag ging es mir dann richtig dreckig. Kein Wunder, es war das erste Mal, dass ich eine Null hinten hatte. Was andere Männer erst an ihrem Vierzigsten durchmachen, durchlebte ich schon am Zehnten. Aus lauter Frust habe ich mich an diesem Tag gnadenlos betrunken. Sabine mixte mir heimlich an der Bar ihres Vaters einige Whisky-Kaba. Teufelszeug! Am nächsten Morgen machte ich die Erfahrung, dass sich Stachelbeer-Baiser mit Fleischwurst nicht so richtig gut als Katerfrühstück eignet …

Auch heute hat dieses Thema – also das Thema Älter-werden – für mich noch nicht an Schrecken verloren.

Denn rein statistisch ist es längst bewiesen, dass der Mensch mit zunehmendem Alter immer älter wird. Wohin die Reise geht, ist eindeutig klar, nämlich in Richtung Friedhof. Der Körper verwelkt. Was heute noch straff ist und knackig, ist morgen schlaff und wabbelig. Man vergammelt und verhutzelt und wird dörr wie eine alte Trockenpflaume.

Meine Oma sagte immer:

**»In hunnert Jahr habbe mer all
kaa Arschbacke mehr!«**

Man kann sich also nachts in seinem Bettchen so richtig schön bildhaft vorstellen, wie *Scheise* mal alles wird.

Was heißt wird – ist! Der Verfall hat ja längst begonnen. Ich kann bereits dramatische Verfallserscheinungen an mir selbst feststellen, zum Beispiel Schlupflider. Viele kennen noch nicht einmal das Wort und verwechseln es mit Schlumpfliedern, aber es hat nichts mit Singen zu tun. Schlupflider sind praktisch ausgeleierte Augendeckel. Klingt eigentlich recht harmlos, kann aber für das männliche Sexualleben eine absolute Katastrophe bedeuten. Entschuldigung, wenn ich das hier so direkt sage, aber: Schlupflider sind die Hängetitten der Männer!

Für manche Männer ist das Thema so bedrohlich, dass Psychologen bei ihnen schon von einer »Schlupflid-Suizid-Gefährdung« sprechen – auch kein schönes Wort für *Hessischbabbler*. Ich weiß, wovon ich hier rede, da ich ja ansatzweise schon betroffen bin.

Die schlimmsten Schockerlebnisse hatte ich jahrelang morgens, wenn ich in den Badezimmerspiegel reingeguckt habe. Ich habe auch nie richtig verstanden, warum man in diesem Zusammenhang von Schönheitsschlaf spricht. Bei mir macht dieses Wort keinen Sinn. Im Gegenteil: Je länger ich schlafe, umso beschissener sehe ich aus!

Es geht scheinbar kein Weg daran vorbei: Mit zunehmendem Alter wird die Haut schlaffer und schlaffer. Irgendwann sind es nur noch lose Hautlappen, die an einem *herunterbambeln*. Kann man da wirklich nichts machen?

Doch, man kann! Mittlerweile habe ich das mit den Schlupflidern sehr gut unter Kontrolle gebracht, aber nur dank eiserner Disziplin und täglich mindestens 40 Minuten Augenlidmuskel-Training. Man muss es also auch hier nicht bis zum wörscht Käs kommen lassen.

Da fällt mir ein, dass ich mein heutiges Trainingsprogramm an Gesichtsmuskelübungen noch nicht absolviert habe. Normalerweise mache ich das vor dem Badezimmerspiegel, da kann ich es ja genauso gut hier im Dixi-Klo machen, dann lasse ich die Zeit hier wenigstens nicht ungenutzt.

Hier für alle Interessierte und Schlupflidgefährdete aus der männlichen Risikogruppe ein paar Übungs-Beispiele:

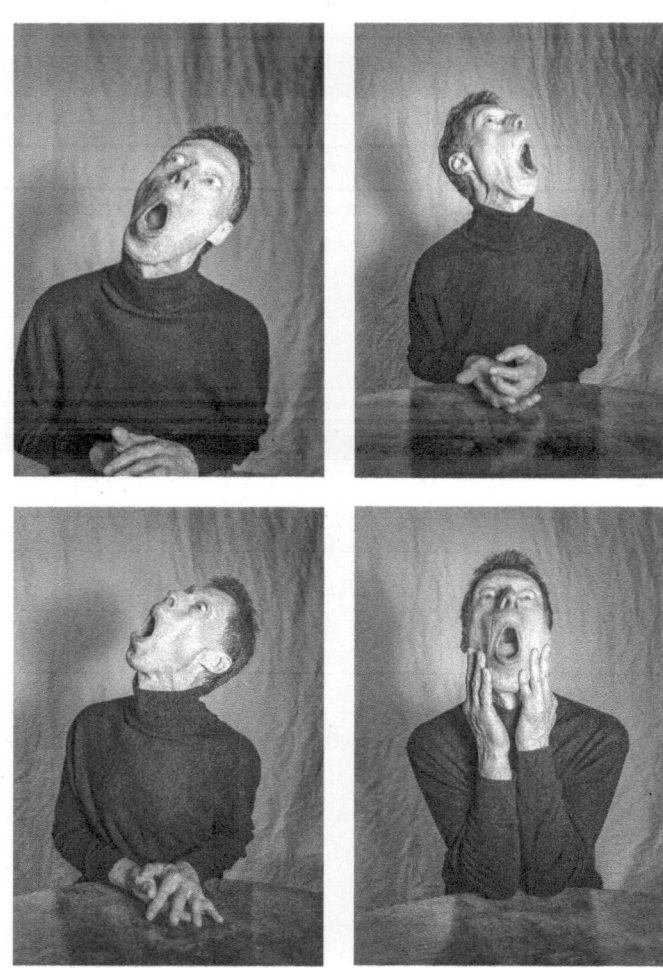

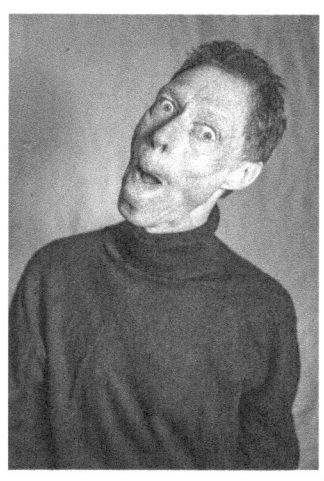

Ein sehr wichtiger Teil in unserem Gesicht ist ohne Frage der Mund. Hier bin ich durchaus von der Natur nicht gerade benachteiligt worden. Meine Zahnärztin lobt immer die großzügige Arbeitsfläche im Inneren. Sie freut sich, wenn sie sich da ab und zu mal so richtig austoben kann.

Und auch von außen machen meine fleischigen Lippen schon seit jeher sehr viel Eindruck auf knutschwillige Frauen.

Um das hier aber mal kurz klarzustellen: Ich bekomme von dem Kreuzfahrtunternehmen AIDA keinen einzigen Cent dafür, dass sie meinen Mund als Vorlage für ihr Firmenlogo nutzen. Ist mir aber auch eigentlich egal, ich sehe es einfach als Kompliment!

Jedenfalls gucken mich immer wieder Menschen ungläubig an und fragen sich: Wie schafft der es nur, SO auszusehen?

Da kann ich nur immer wieder sagen: Das geht ganz einfach! Täglich ein paar Übungen *Babbelyoga* – und schon habt ihr erste Erfolgserlebnisse!

Babbelyoga besteht aus speziell von mir entwickelten Sprechübungen, die sich positiv auf die Durchblutung der Lippen auswirken, den Unterkiefer lockern und die Backenmuskulatur stärken. Außerdem erhöhen sich der Sex-Appeal und die Lebenserwartung.

Wie ihr bestimmt schon ahnt, eignen sich nicht alle Sprachen gleich gut für diese Praxis. Es eignen sich vor allem weiche, *weibliche* Sprachen oder Dialekte. Deshalb verwendet man im *Babbelyoga* klassischerweise hessische Sprechübungen, um so den größten Effekt zu erzielen.

Bevor man als Nicht-Hessin oder Nicht-Hesse eine Sprechübung umsetzt, empfiehlt es sich dringend, ein paar Lockerungsübungen für den Unterkiefer zu machen. Bei der ersten Übung stellen wir uns vor, wir haben eine heiße Pellkartoffel im Mund und bewegen sie in kreisförmigen Bewegungen abwechselnd von der linken in die rechte Backentasche.

Die zweite Übung besteht darin, den Unterkiefer in absoluter Lockerheit von links nach rechts fliegen zu lassen. Dabei schlabbern auch Lefzen und Backen geräuschvoll hin und her.

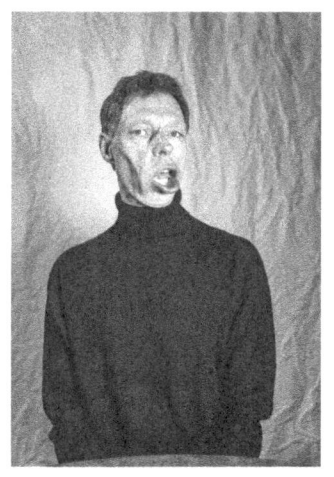
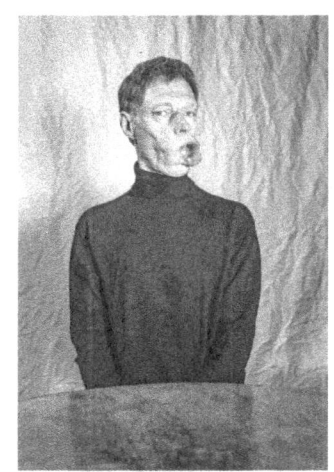

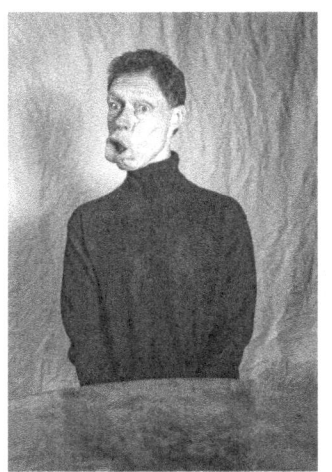
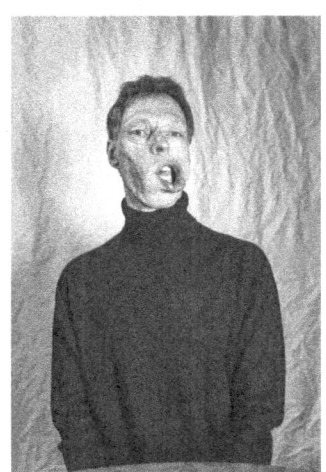

Sind die Muskeln im unteren Gesichtsbereich gelockert, kann gefahrlos eine Sprechübung praktiziert werden. Bei dem Sprechen auf ein sehr langsames, fast meditatives Tempo achten. Der Unterkiefer bleibt locker und geschmeidig. Bei der Aussprache werden keine harten Konsonanten gebraucht.

Sprechübung Babbelyoga Teil 1:

»De Babba schlabbert die Schpaschelhabbe mit dem Schlabberlabbe.«

Sprechübung Babbelyoga Teil 2:

»Nach'm Schpaschelschlabbern mit dem Schlabberlabbe will de Babba seine Schlabbe habbe.«

Hier eine gute Nachricht für alle Frauen:

Ihr braucht jetzt nicht mehr eure Lippen künstlich aufspritzen zu lassen oder euch ein Stück Maschendraht hinter die Backen legen zu lassen – *Babbelyoga* macht teure Operationen überflüssig!

KAPITEL 6:
WIE PHOENIX AUS DER KACKE –
BEFREIUNG UND VERWANDLUNG

Mittlerweile bin ich schon knapp fünf Stunden in dem Ding hier eingesperrt. Nicht nur, dass ich Hunger habe wie ein Müllschlucker; nein, zusätzlich habe ich jetzt auch noch vom biologisch-hormonellen Rhythmus her mein Tageshoch. Es mag vielleicht für Menschen komisch klingen, die körperlich nicht so klar strukturiert sind, aber ich kann den Wecker danach stellen, dass ich pünktlich um 18:00 Uhr eine Erektion bekomme. Jeannette hat meine absolute Verlässlichkeit in diesem Punkt schon sehr oft zu spüren bekommen und meistens auch sehr geschätzt. Natürlich kann ich auch zu anderen Zeiten, aber je mehr sich der Zeitpunkt von der 18 Uhr-Marke entfernt, umso mehr Befeuerung ist dann von außen nötig. Ein Dixi-Klo mit gefühlten 90 Grad Innentemperatur ist wahrlich nicht das ideale Örtchen, um seine Wollust auszuleben. Aber die entfesselte Energie heizt meine Fantasien an. Wäre dies jetzt nicht der beste Platz für Jeannette und mich, um leidenschaftlich übereinander herzufallen und uns hemmungslos zu lieben? All das, was wir uns bislang nirgends trauten – hier könnten wir es wahr werden lassen! Wir feiern die Liebe und machen den miefigen Kasten zu einem Tempel der Lust!

Da kommt mir ein Brief in den Sinn, den mir Jeannette einmal während eines Eisprungs geschrieben hatte. Darin hatte sie kühn ihre erotischen Träume formuliert und die Lektüre hat mir den Atem genommen ...

Lieber Maddin,
du langes Teil.

Ich sitze gerade an meinem Küchentisch, leider nicht auf deinem, und lasse unsere Zeit Revue passieren. Ich denke, es ist endlich mal an der Zeit, dir einige Dinge von mir mitzuteilen, die du wissen solltest. Dinge, die du nie bemerkt hast, wenn ich sie angedeutet habe.

Immer endeten unsere Gespräche in einer Lachorgie oder einem Mau Mau-Turnier, wenn ich sie doch eigentlich jedes Mal mit einer Anspielung begann. Nie hast du es bemerkt, wenn ich dir Zeichen zugespielt habe, Zeichen eines permanenten Dauerverlangens.

Wir sind nun schon seit dreieinhalb Wochen zusammen. Ich will mehr, als nur »Eierlikörsche« aus deinem Bauchnabel trinken.

Dein Mund, Martin. Was du alles mit DEM anstellen könntest. Du könntest praktisch beide Beine quer ablutschen und es passt noch ein Arm und beide Brüste mit hinein!

Ach Martin. Wenn ich an deinen Mund denke, kribbelt es schon an den Beinen, als hätte stundenlang ein Bernhardiner drauf gesessen.

Ich stelle mir gerade vor, wie sich alle deine langen Glieder immer weiter dehnen, wie Elastoman oder Mister Fantastic, sich fest um mich wickeln und mich an deinen Küchentisch fesseln.

Dein Hals, der wunderschöne, männliche Hals streckt sich dabei wie ein Gänserich zu meinem Gesicht und wir küssen und lieben uns heftig.

Du bist der schönste und erotischste Mann, und der Einzige, der mich mit grüner Soße einreiben durfte, um sie dann langsam abzuschlecken. Im Grunde bist du DER langsamste Liebhaber auf der Welt. Ich liebe es, wenn du so lange brauchst, bis die grüne Soße an manchen Stellen schon als Trockenkräuter herabrieselt, während du mich an anderen Stellen noch beglückst.

Martin, was können wir noch alles tun?

Alle meine Freundinnen träumen von einem hemmungslosen Quickie im Aufzug, aber ich will es wirklich mit dir tun. Auch, wenn du 7894 Stockwerke brauchst, um zur Sache zu kommen, dafür fliege ich mit dir sogar nach Dubai, wo die höchsten Wolkenkratzer stehen.

Mit schlappernassen Küssen
Jeannette

Jetzt bin ich also wegen meiner ganzen Fantasien und Erinnerungen auf einmal spitz wie Nachbars Lumpi! Ich will hier raus!! Verdeppelt noch einmal!! Kotz Krautsalat und Rosenkohl!! (Ein weiterer sehr gebräuchlicher Fluch aus meiner Familientradition.)

Aber ich muss aufpassen, so ein Wutanfall verbraucht ganz schön viele Kalorien.

Meine Oma sagte immer:

»Ich äger mich ned! Und wenn ich verreck' vor Zorn!«

Egal, ob Wut oder Lust – beides sind Ausdrucksformen von Energie, und Energien lassen sich durchaus in eine gewünschte Richtung verwandeln.

Irgendwie habe ich das Gefühl, als stünde ich plötzlich unter Strom. Eine unglaublich starke Energie baut sich in mir auf, und ich fühle ungeahnte Kräfte in mir. Mein ganzer Körper scheint zu vibrieren, er beginnt wie von selbst, seitlich hin und her zu wippen. Die Pendelbewegung wird immer stärker und schwungvoller, und dann nutze ich einfach den Schwung, um mich mit voller Wucht gegen die Tür zu werfen. Und dann noch einmal voller Körpereinsatz! Dotz!! Und noch einmal! Dotz!! Es ist ein wenig wie Schunkeln, nur um einiges rabiater und mit Schmerzen in der Schulter. Aber die Schmerzen sind mir jetzt gerade einmal egal. Ich lass mir doch von meinem Körper nicht vorschreiben, wann ich aufzuhören habe, die Tür aufzustoßen! Schließlich geht es um sein Überleben!

Und da kommt auch so langsam richtig Bewegung in den blauen Kasten. Er schunkelt mit. Mein Dixi-Klo und

ich schunkeln auf dem kleinen Hügel vor meiner »Villa Kunterbunt« im Mondschein! Jetzt noch einmal mit vollem Karacho gegen die Tür geschleudert, und das Ding kippt um und kullert mit mir die Wiese hinunter. Ich komme mir vor wie in einer Riesenwaschmaschinentrommel. Nur mit dem Unterschied, dass man in einer Waschmaschine sauber wird ...

In diesen Sekunden, in denen ich im Bauch eines Toilettenhäuschens über den Hang hinunter kugele, blitzt eine Erkenntnis in mir auf. Mir ist schlagartig klar, was Jeannette damit meinte, als sie von Rock 'n' Roll anfing. Sie meinte damit nicht die Musik von Elvis Presley, sondern ein bestimmtes, neues Lebensgefühl!

Das Gefühl von Energie!

Das Gefühl von Befreiung!

DIE GESCHICHTE VON ONKEL MICK

Tja, und dieses Gefühl von Energie kenne ich auch von meiner Familie: So ein neues Lebensgefühl dank Rock 'n' Roll hat's bei uns nämlich schon immer gegeben. Also, nicht bei mir, aber bei einem Verwandten. Um genau zu sein, bei meinem Groß-Cousin mütterlicherseits. Der galt immer eher mehr so als das schwarze Schaf der Familie. Das gibt es ja in jeder Familie, so ein schwarzes Schaf. Wobei unser Familienstammbaum bei genauerem Hinsehen eigentlich nur aus schwarzen Schafen besteht, das ist sozusagen unser Wappentier. Darauf bin ich auch sehr stolz, denn weiße Schafe sind doch ziemlich langweilig. Und Onkel Mick aus England ist unter den ganzen schwarzen Schafen in meiner Ahnenreihe der bunte Hund.

Man weiß nicht, was da bei ihm passiert ist. Manche sagen, die Gene seien durcheinandergeraten durch einen Meteoriten-Einschlag bei der Zeugung. Aber ich finde, wir können diesem Meteoriten dankbar sein für seine einschlägige Wirkung auf Onkel Micks Wesen.

Die Tante Lisbeth war die jüngste Schwester meiner Mutter. Sie kam aus einer zehnköpfigen Familie, und Lisbeth, das Nesthäkchen war immer schon sehr speziell gewesen. Sie hatte keinen Spaß am Heumachen oder Schweinestallausmisten, flocht sich lieber Gräser und Blumen ins Haar und tanzte lustig im Mondschein. Das war damals nicht so gern gesehen. Aber bitte nicht falsch verstehen! Man war zwar generell für das Tanzen damals, allerdings eher für so Standardtänze wie Walzer, Tango und all sowas, wozu sich die Landfrauen bei einem Ball oder bei einer Hochzeit führen ließen. Freestyle war da gar nicht angesagt, und Gräser im Haar, das konnte natürlich bei der Heuernte passieren, war als genereller Kopfschmuck allerdings verpönt. Beim Kirchgang wurde so etwas auch nicht so gerne gesehen.

In Wirklichkeit war Tante Lisbeth ihrer Zeit mehr als 20 Jahre voraus und legte die Grundsteine für die spätere Hippie-Kultur. Leider war die restliche Bevölkerung von

Burgholzhausen damals noch nicht so ausgeflippt wie Flower-Bauer Lisbeth.

Das Schlimmste daran war, die Aussicht vermählt zu werden, sank gegen Null. Aber Tante Lisbeth hatte Glück. Während eines Aufenthalts in Hannover lernte sie einen britischen Besatzungssoldaten, den höflichen Joe, kennen. Der dachte sich wohl, ach, was soll's, das mit dem Löwenzahn im Haar ist bestimmt ein alter deutscher Brauch – solange sie kein Sauerkraut als Haar-Verlängerung (hair extensions) benutzt ...!

In einer romantischen Vollmondnacht ist es dann passiert, Joe und Lisbeth ließen ihren Gefühlen freien Lauf, und heraus kam Onkel Mick.

Tante Lisbeth wurde also im Eilverfahren mit ihrem Joe vermählt. Und da Deutsche zum Zeitpunkt der Vermählung auf dem britischen Festland gerade nicht so angesagt waren, erzählte man: Lisbeth heißt nicht wirklich Lisbeth, sondern Eva und stammt auch nicht aus Deutschland, sondern aus Australien. Sie hat nur deutsche Vorfahren, deswegen auch die komische Aussprache. In Großbritannien wusste man, Australien ist das Land der ehemaligen Strafgefangenen. Die waren da ein wenig komisch. Verwandtschaft kann man sich halt auch im Empire nicht aussuchen.

Das lief auch alles ganz gut eine Zeitlang bei denen auf der Insel: Joe war Sportlehrer und Lisbeth beziehungsweise Eva wurde Avon-Beraterin. Sie bekamen zwei Söhne,

Mick und sein jüngerer Bruder Chris. Doch dann kam bei Mick irgendwas mit den Hormonen durcheinander. Das ist ja mehr oder weniger normal in der Pubertät, aber beim Mick hat sich das nie wieder zurückgebildet. Die Hormone meine ich, die sind in so einem Dauer Erregungszustand hängen geblieben. Außerdem kam er schon mit siebeneinhalb Jahren hinein, in die Pubertät, und wollte nie wieder raus. Er war schon als *Dreihandkäshoch* ein ganz schöner *Zabbel-Philipp* gewesen, heute würde man bestimmt sagen, der Junge hat ADHS – was ein Blödsinn! Im Gegenteil, die Kinder, von denen man heute behauptet, sie leiden an ADHS, sind in Wirklichkeit begnadete Rock 'n' Roller!

Ein Energiebündel war er halt, der Mick!

Irgendwann ließ er sich auch einfach nicht mehr die Haare schneiden. Da half auch kein Fernsehverbot. Weil sie damals noch keinen Fernseher zuhause hatten. Und auch die Androhung zur Kinderlandverschickung ins Hessische fruchtete nicht. Dann kam auch noch das mit der Gitarre dazu. Musikalische Förderung bei Kindern kann man ja grundsätzlich nur unterstützen, doch die Eltern hatten dabei wohl eher an melancholische Shantys gedacht. Aber nein! Der Mick machte ganz andere Sachen mit seiner Gitarre. Die Nachbarn tuschelten schon, und bald fanden ihn die Leute genauso sonderlich wie damals die Tante Lisbeth.

Da die beiden ja nicht den emotionalen Kontakt zu ihrem Sohn verlieren wollten, gaben sie sich ganz fortschrittlich und ließen ihn einfach machen.

Sie ließen den Jungen mit seinen alten Spielkameraden auch so eine Kapelle gründen, damit die Buben die Chance bekamen, irgendwann auch mal im Jugendheim aufzutreten. Die Kapelle nannte sich die »Rolling Stones«, die »Rollenden Steine«. Die Eltern rieten ihnen zu einem hübscheren Namen, der sympathischer klingt, zum Beispiel: »Die lustigen Buben« oder »Die fabelhaften Vier«. Ja, so konnte man eine Kapelle in ihren Augen nennen, aber »Die rollenden Steine«? Was sollte das sein? Eine Steinbruchgedächtnis-Band? Da bin ich dann doch im Nachhinein etwas enttäuscht von Tante Lisbeth, dass sie die poetische Bedeutung des Bandnamens nicht erfasst hat, zumindest am Anfang noch nicht. Sie ärgerte sich auch darüber, dass der junge Mick jedes Mal vor einem Konzert ihren Lippenstift klaute. Wie die meisten aus meiner Familie ist Onkel Mick schon immer ein oraler Typ gewesen, das hat er schon früh zu Marketingzwecken ausgeschlachtet. Den großen Mund mit den sinnlichen Lippen habe ich bei mir selbst jedoch nie künstlich betonen müssen, dank regelmäßigem *Babbelyoga* ist die kräftige Durchblutung von Ober- und Unterlippe nach wie vor gewährleistet. Ich bin auch davon überzeugt, dass Tante Lisbeth heimlich mit ihrem kleinen Mick Hessisch gesprochen hat, sonst hätte er nicht so volle Lippen bekommen. Durch gezielte Sprechübungen und Praktizieren dieser melodiösen Mundart haben sich seine Lippen schon früh zu einer typisch hessischen *Babbelschnuut* entwickelt. So hat der spätere Welterfolg der Rolling Stones nicht wenig mit Onkel Micks verschwiegenen hessischen Wurzeln zu tun.

Auf einmal hört das Klo auf, sich zu drehen. Scheinbar ist es gegen einen Zaunpfosten gerollt. Es liegt jetzt umgestürzt am Boden mit dem Dach zur einen und dem Boden zur anderen Seite. Ich klopfe gar nicht einmal so fest gegen das weiße Dächlein, aber wie von selbst fällt es einfach ab von dem blauen Kasten!

Wie ein Küken aus dem Ei krabble ich aus dem Klo und richte mich auf.

Welch wundervoller, glücklicher Augenblick! Ich stehe dankbar im Garten, der Vollmond scheint auf meinen weißen Anzug. Na ja, ganz so weiß ist er jetzt nicht mehr. Von der Farbe her geht er jetzt mehr in Richtung Cappuccino ...

Als ich an mir herunterschaue, kann ich nicht anders, als lauthals loszulachen.

So habe ich mich noch nie lachen gehört! Der Anblick ist wirklich zum Brüllen!

Ich habe ja schon oft *Scheise* ausgesehen, aber so – das ist nicht zu toppen!

Einen solchen Lachanfall hatte ich in meinem ganzen Leben noch nie gehabt, und ich glaube wirklich, dass ich mich fast totgelacht hätte. Da hätte nicht mehr viel gefehlt!

Jetzt auf den schnellsten Weg zu Jeannette! Sie soll als Erste alles brühwarm erfahren. Also renne ich zu ihr und nachdem sie mir die Haustür aufgedrückt hat, sage ich euphorisch:

»Jeannette, ich habe mich stark verändert!«

»Du riechst ja auch schon ganz anders!«

»Das ist nur eine kleine Nebenwirkung. Das Wichtigste ist: Ich bin jetzt ein Rock 'n' Roller!«

Seit diesem Ereignis gehen wir beide jeden Abend um Punkt 22:00 Uhr in das Dixi-Klo und rollen darin den Hang runter ...

Schön, dass wir wieder zusammen sind. Unsere Beziehung hat eine ganz neue Qualität bekommen.

EIN KLEINES NACHWÖRTSCHE – ODER: TSCHÜSSIE!

Während ich dieses Buch geschrieben habe, befand ich mich in einer für mich außergewöhnlichen Situation. Normalerweise ist das Winterhalbjahr traditionell für mich als Comedian die Zeit, um mit meinem Bühnenprogramm auf Tournee zu gehen.

Doch diesen Winter war alles anders. Wie viele andere Kolleginnen und Kollegen war ich durch die Corona-Maßnahmen extremst »gedownlockt«. Alle öffentlichen Auftritte waren abgesagt und ich musste monatelang zuhause bleiben, ohne direkten Kontakt mit meinem Publikum – für mich eigentlich der wörschteste Wörscht-Käs! Ich fühlte mich wie ein Gärtner, den man nicht mehr zu seinen Tomaten lässt. Auch sonst sollte man ja nur noch eine ganz beschränkte Anzahl von Menschen treffen und die dann auch noch auf Distanz. Ich muss sagen, dass mir persönlich das ganze *Social Distancing* überhaupt keinen Spaß gemacht hat, vor allem bei Frauen finde ich das doof. Wie soll man sich denn auf Distanz näherkommen?

Die Begegnungen mit lebenden Menschen haben mir in diesen Monaten in der Tat sehr gefehlt. Ich habe mir in der Küche Fotos von Freunden aufgehängt und sie jeden Morgen gegrüßt und ihnen einen schönen Tag gewünscht. Nach Wochen der Einsamkeit bekam ich endlich wieder einmal Besuch. Schon beim Klingeln an der Haustür überkam mich eine unbändige Freude! Ein menschliches Wesen steht vor meiner Tür und will zu mir! Total aufgeregt ging ich an die Tür; nach so langer Zeit der erste Mensch, der vor mir steht! Vor Glück sind mir die Tränen gekommen, als er vor mir stand; aber wir hatten uns ja auch schon ein ganzes Jahr lang nicht mehr gesehen – mein Schornsteinfeger und ich. Reflexartig habe ich ihn spontan umarmt, ihn fest an mein Herz gedrückt, als sei er ein aus dem Krieg zurückgekehrter Sohn …

Für die Zukunft erhoffe ich mir, dass man auf ähnliche Ereignisse die Menschen nicht mehr mit »Wörscht-Käs-Zähnarien« (Jeannette wollte das Wort verbessern, aber ich finde es so schöner!) in Angst und Panik versetzt, weil das ihr Immunsystem schwächt. Meine Oma hätte es wohl so formuliert:

»Aus'm hysterische Arsch kommt kein entspannte Forz!«

Für mich wurde am Ende wieder einmal der wörscht Käs zum best Käs, indem ich auf einmal die Zeit hatte, dieses Buch zu schreiben.

In diesem Sinne: Macht auch ihr das Beste draus und Tschüssie!

OMAS GESAMMELTE WEISHEITEN

»Viel Dengge macht Koppweh!«

»Von allem wisse macht Koppweh,
von allem esse macht Bauchweh!«

»Mer soll sich kaa Blase ins Hern dengge!«

»Die gude Gedanke unn die lahme Gäul
komme immer hinnerher!«

»Was nützt mir die schönst Beerdischung,
wenn ich selber de Dode spiele muss?«

»Spaß muss sein bei de Beerdischung,
sonst geht niemand mit!«

»Die, die nix wisse unn doch wisse,
dess se nix wisse, sinn mer lieber als die,
die wo nix wisse unn nett wisse, dess se nix wisse!«

»Was versteht denn der Ochs vom Pannekuchebacke,
wenn er die ganz Woch nett in die Kisch kommt?«

»Die Schuh warn von Paris,
aus Offebach die Fieß!«

»Des Sterbe heb ich mer uff bis zuletzt!«

»Des is mir zu rund für mein eggische Kopp.«

»Des Menschelebe, des is korz,
es geht vorbei schnell wie enn Forz!«

»Die Seele einer Frau und das Innere der Leberworscht
bleibe ewig unerforscht.«

»Schlägt der Arsch aach Falte,
mir bleibe doch die Alte!«

»Wenn's vorne juckt unn hinne beißt,
hilft Klosterfrau Melissengeist.«

»Wenn's Kind in de Brunne gefalle is,
macht mer de Deckel druff!«

»Lang lebe wolle se all, aber alt wern will kaaner!«

»Mer kann die Fieß nett über'n Buckel hänge!«

»Ich glaub nur, dess e Pfund Rindfleisch
e gut Supp gibt.«

»Bevor ich mich uffreesch, is mer's egal!«

»Froh gelebt unn selig gestorbe,
heißt dem Teufel die Rechnung verdorbe!«

»Was mer hinner'm Berg nett hinner sich hat,
hat mer vor'm Berg noch vor sich.«

»Wer mit de große Hund pisse will,
muss aach sein Bein hebe könne!«

»Aus'm traurische Arsch
kommt kein frehlische Forz!«

»Wenn's Griesbrei reeschent,
muss mer sein Löffel raushole!«

»Wer nett alt wern will,
muss sich jung uffhänge!«

»Mer kann sich drehe, wie mer will,
mer hat de Arsch immer hinne!«

»Mit de Butter uff'm Kopp
soll mer nett in die Sonn gehe!«

»Ich ärger mich nett,
unn wenn ich verreck vor Zorn!«

»Kotz Krautsalat unn Winterendivje!«

»Da maant mer grad, mer misst Schlabbe kotze,
unn wenn mer auch kaa Ledder gefresse hat!«

»De eine isst gern Kadoffelsalat,
de annere wäscht sich gern die Fieß!«

»Mer werd so alt wie e Kuh
unn lernt immer noch dezu!«

»Die allergreeßte Kälber
wähle sich die Metzger selber!«

»Mer soll aus'm Bett, bevor de Deiwel
sei Schlabbe anhat!«

»Wer die Abbeit kennt unn sich nett drickt,
der is verrickt!«

»Wer die Abbeit erfunne hat,
muss nix zu tun gehabt habbe!«

»In hunnert Jahr habbe mer all kaa Arschbacke mehr!«

»Nur die Hadde komme in de Gadde!«

»Mer muss des Beste hoffe,
des Schlimmste kommt von allein!«

»Zwische zwölf unn Middaach kann viel bassiern!«

»Willsde dich gesund erhallde,
trink enn Äppelwein, enn kallde,
duut der's in de Knoche reiße,
trink enn Äppelwein, enn heiße!«

»Die best Krankheit taugt nix!«

»Des Alder is e Krankheit, an der mer sterbe kann!«

»Ich möcht nett mehr arm sein –
unn wenn mer mir e Million defier biete deet!«

»Mit'm naggische Finger zeischt
mer nett uff angezogene Leut!«

»Da kommt die Brieh teurer wie die Brocke!«

»Aus ungelegte Eier schluppe kaa Hinkel!«

»Nix is so schlecht, dess es nett aach
noch fer was anneres gut wär!«

»Jed Dippsche find sei Deggelsche,
jed Kätersche sei Scheggelsche!«

»Lieber Reeschewedder wie gar kaa Wedder!«

»Die Dumme rotte sich selbst aus!«

»Helf der selbst, dann hilft der Gott!«

»Viele Händ, schnelles End!«

»Was mer nett im Kopp hat,
muss mer in de Baa habbe!«

»Die Geklaute unn die Geschnorrte
sinn die beste Sorte!«

»Je höher der Aff klettert, umso mehr
sieht mer sein Arsch!«

»Vorne gut geriehrt, brennt hinne nett an!«

»Nach de Beerdischung duhn eim wenigstens
nett mehr die Backezäh weh!«

»Manche Leut habbe Bauchweh an de groß Fußzeh!«

OPAS DUMME SPRICH

Von meinem Opa war im ganzen Buch nie die Rede. Das hat eigentlich keinen besonderen Grund. Deshalb kommt hier das Beste von ihm zum Schluss …

»Lieber enn waggelische Stammdisch
als enn feste Abbeitsplatz!«

»Hauptsach, es basst dorsch de Hals
unn macht schwindelisch!«

»Schad um den scheene Dorscht!«

»Es is verdammt schwer,
an annern Leuts Geld zu komme!«

»Lieber Dreck am Stegge, als im Dreck stegge!«

»Gut gefriehstickt spürt mer de ganze Daach,
gut geschlacht des ganze Jahr, gut geheirat
des ganze Lebe!«

»Enn gude Forz is besser wie schlecht Musik!«

»Besser in die weit Welt als im enge Bauch!«

»Lieber sich de Mage ausgerenkt,
als dem Wirt enn Kreuzer geschenkt!«

»Is aach noch so trieb, immer hoch die Geelerieb!«

»Wer bei dem Wedder nett krank is,
der is nett ganz gesund!«

»Ich werd gut bezahlt, ich krieg die Stunn
sechzig Minude!«

»Des Heirade is die erst Dummheit,
die mer macht, wenn mer grad vernünfdisch worn is!«

»Wenn ich nachts gut schlafe soll,
muss ich am Daach mei Ruh habbe!«

DIXI-KLOSSAR

Für alle, die vielleicht auch einmal in einem Klo eingesperrt werden und die Zeit sinnvoll zum Lernen von Vo-
kabeln nutzen wollen – hier ein kleines Verzeichnis von
hessischen Wörtern und ihre Bedeutung.

Aachedeggel – Lid
Wörtlich ins Hochdeutsche übersetzt bedeutet Aachedeggel = Augendeckel. Gemeint sind jene Hautpartien über
den Augen, die im Alter immer schlaffer werden, bis sie
schließlich wie Fensterläden über den Augen niederhän-
gen.

Babba – Papa
Am Beispiel der Aussprache des Wortes »Babba« lässt sich
schon der Charakter des Hessischen erspüren. Mit locke-
rem Unterkiefer gesprochen, entsteht ein weiches, blub-
berndes B am Anfang und in der Mitte. Auch ist darauf zu
achten, dass man mit einer gewissen Gemächlichkeit
spricht. So entsteht ein Gefühl von Wärme und Gemüt-
lichkeit. Der hessische Babba kann allein von der Aussprache her keine strenge Autorität sein. Er ist liebevoll und
verleugnet nicht seine weiblichen Anteile.

Babbelschnuut – Mund
Aus ihr entweichen all die herrlichen Klänge, die ein Hesse von sich gibt. Die »Babbelschnuut« kann auch die Bezeichnung sein für einen allzu redefreudigen Menschen, aus dessen Mund selten hochphilosophische Sätze kommen, sondern oberflächliches Geplapper.

Babbelyoga – Sprechyoga
Eine Wellness-Therapie, die eine Glättung der Haut im Gesicht bewirkt sowie die Durchblutung der Gesichtsmuskulatur fördert. Ähnlich wie beim Küssen werden auch beim »Babbelyoga« die Lippen durch die bewussten Bewegungen des Sprechapparates gestrafft und besser durchblutet. Die meditative, langsame und bewusste Ausführung hat einen positiven Einfluss auf den Kreislauf und kann den Blutdruck senken.

Brieh – Brühe
Am Beispiel des Wörtchens »Brieh« lässt sich gut beobachten, welch große Freude der Hesse am Ziehen und Längen der Vokale hat. Er kann locker mehrere Sekunden lang die Vokale am Wortende ausklingen lassen, sodass es schon fast zu einem melodischen Gesang wird.

Dilldapp – In-den-Dill-hinein-Treter
Hier zeigt sich die Fantasie der Hessen beim Erfinden witziger Wortbilder. Ein »Dilldapp« ist jemand, der im Bett versehentlich die Kräuter kaputt tritt. Im übertragenen

Sinne jemand, der nicht in der Lage ist, sich grazil zu bewegen, und oft kleinere Verwüstungen hinterlässt.

Dorscht – Durst

Das Wort »Dorscht« vermittelt sehr schön das legere, hessische Grundgefühl. Mit einer unnachahmlichen Coolness und Lockerheit verlieren die Wörter im Dialekt ihre Schwere, die sie im Hochdeutschen besitzen. Hört man einen Hessen sagen: »Ich hab Dorscht!«, so hört man gleichzeitig zu dem Verlangen nach einem Getränk die vorgefühlte Freude über die demnächst stattfindende Durstlöschung sowie das ekstatische Gefühl der Befriedigung heraus.

Dreihandkäshoch – kleiner Mensch oder Bub

Auch hier spüren wir wieder die Freude am Erschaffen origineller Metaphern. Der Hesse liebt es, zu unter- oder übertreiben mit seinen Sprachschöpfungen.

Druff geschisse – drauf geschissen

Wichtig: Das »s« ist im Hessischen stimmhaft, und zwar so stimmhaft, dass es jegliche Schärfe verliert und den Wörtern die typisch hessische Schnodderigkeit verleiht. Das Summen des »s« mindert im Falle des Wortes »geschisse« dessen obszönen Charakter.

Die Redewendung »druff geschisse« wird in Hessen oft verwendet, wenn man nicht unnötiger Weise zu viel Energie und Zeit auf eine bestimmte Sache verwenden will.

Der Hesse genießt eben lieber das Leben, anstatt sich mit lauter »Ferz« (= unnützen Dingen) abzugeben.

Erumfuhrwerke – herumfuhrwerken

Dieses schöne Verb leitet sich von den vielen Pferde- und vor allem Kuhfuhrwerken ab, die in alter Zeit zum Dorfbild gehörten. Sie waren nicht sehr wendig und meist schwer zu lenken. Deshalb bedeutet es so viel wie ungeschicktes Herumhantieren. Man kann genauso gut an seinem Smartphone »erumfuhrwerke« wie auch an dem kompliziert zu öffnenden Büstenhalter der Freundin.

Forzkist – Bett

Nachdem er zum Abendbrot ausgiebig Handkäs mit der dazugehörigen Musik zu sich genommen hat, legt sich ein Hesse nach ein paar Gläsern Äppelwein ins Bett und lässt der Verdauung freien Lauf. Die Musik zum Handkäs besteht übrigens aus vielen Zwiebeln, Essig und Öl – was zu freundlichen Blähungen führen kann.

Himmele – kaputtmachen

Die Hessen glauben zwar nicht, dass irgendein technischer Gebrauchsgegenstand in den Himmel kommt, wenn man ihn kaputtmacht, haben sich aber das Wort »himmele« für den Vorgang des Kaputtmachens ausgedacht. Man kann also seinen Computer himmele, seinen Kugelschreiber oder auch seinen Rasenmäher. Die religiöse Überzeugung ist hier absolut zweitrangig.

Kordeldepp – Hampelmann

Ein »Kordeldepp« ist eine Marionette, jemand, der alles mit sich machen lässt – ohne eigenen Willen und Verstand.

Labbeduddel – schwächlicher, energieloser Mensch

Schon der Klang dieses Wortes lässt auf ein Gefühl von Unlust und Trägheit schließen. So wird lautmalerisch schon für jeden klar, um was es sich handelt, auch wenn man die genaue Übersetzung nicht weiß. Auf jeden Fall eines der schlimmsten Schimpfwörter, die eine Hessin für einen Mann verwenden kann!

Lameng – Hand

Aus dem Französischen übernommen: *la main*. Die Hessen machten daraus »Lameng«, was nicht mehr ganz so vornehm klingt. Lustigerweise wird der weibliche Artikel noch vorgestellt, obwohl er in dem Wort Lameng ja eigentlich schon enthalten ist. Also heißt es: »Duh ma die Lameng aus de Schissel!«

Miggeschiss – Mückenkot

Ein Synonym für alles, was klein und bedeutungslos ist. Es können aber auch die Noten der Musiker gemeint sein.

Schatzebobbes – Schätzchenpopo

Hessisches Kosewort, auch für kleine Kinder.

Suff – im Zustand der Betrunkenheit

Suff kann man auch »haben«, dann bedeutet es soviel wie: *Schwein gehabt.*

Zuggerschnecksche – süße Frau, Mädchen, Freundin

In der Rangliste der Kosewörter für das weibliche Geschlecht steht »Zuggerschnecksche« ganz oben. Bleibt die Frage, ob gewisse gesellschaftliche Kreise dieses Wort als nicht *political correct* ansehen und ein Verbot planen …? Ich jedenfalls werde es weiter benutzen und damit meinem Gefühl der Betörtheit Ausdruck verleihen!

DANKE, DANKE!

Zu guter Letzt mein allerherzlichstes Dankeschön für die grandiose textliche Unterstützung, die fotografischen Meisterleistungen, für technisch-praktische Hilfe und seelische Inspiration, für Organisation und Motivation, künstlerische Verschönerung und gemeinsames Rotweintrinken an:

Kai Schmid
Nashi Young Cho
Tim Engelmann
Tina van den Berg
Sandra Connah
Isabella Kortz
Ralph Larmann und Anke
Heidrun Buchmaier
Michi Schmitt

BILDNACHWEIS